HET BESTE RECEPT VOOR GEROOKTE ZALM

Van brunch tot diner, ontdek 100 veelzijdige recepten voor gerookte zalm

MARIA HOFMAN

Auteursrechtelijk materiaal ©2024

Alle rechten voorbehouden

Geen enkel deel van dit boek mag in welke vorm of op welke manier dan ook worden gebruikt of overgedragen zonder de juiste schriftelijke toestemming van de uitgever en eigenaar van het auteursrecht, met uitzondering van korte citaten die in een recensie worden gebruikt. Dit boek mag niet worden beschouwd als vervanging voor medisch, juridisch of ander professioneel advies.

INHOUDSOPGAVE

INHOUDSOPGAVE 3
INVOERING 6
ROKENDE ZALM 7
   1. Gerookte Citroen Knoflook Zalm 8
   2. Suiker gerookte zalmfilets 10
   3. Kruidengerookte zalm 12
   4. B bq Rook-gegrilde zalm 14
   5. Gerookte Zalm Jerky 17
ONTBIJT 19
   6. Gerookte zalm En Roomkaas Op Toost 20
   7. Wafels Met Gerookte Zalm En Dille 22
   8. Gebakken Eieren Met Gerookte Zalm 24
   9. Gerookte Zalm En Roomkaas Gevulde Pannenkoeken 26
   10. Radijs En Gerookte Zalm Bagel 28
   11. Zalm En Zongedroogde Tomaten 30
   12. Eieren Benedictus Met Roze limonade Hollandaise 33
   13. Omelet Met Gerookte Zalm En Dille 35
   14. Brunchbord 37
   15. Grapefruit En Gerookte Zalm Bagel 39
   16. Gerookte Zalm En Avocado Toast 41
   17. Croissants Met Kruiden En Roomkaas 43
   18. Marokkaanse ontbijtwrap 45
   19. Avocado En Gerookte Zalm Portobello Benedict 47
   20. Zalm En Quinoa -ontbijt 49
   21. Deense eiersalade 51
   22. Aardappelpannenkoekjes Met Zalm En Citroenroom 53
   23. Schotse Haverkoekjes Met Gerookte Zalm 56
VOORGERECHTEN 58
   24. Romige Aardappel Zalm Bites 59
   25. Gerookte zalmdip 61
   26. Canapés Met Gerookte Zalm 63
   27. Zalmrolletjes 65
   28. Aardappelsoep Met Gerookte Zalmsaus 67
   29. Gerookte Zalmblini's 69
   30. Kleine taartjes van gerookte zalm 71
   31. Vuurraderen van gerookte zalm 73
   32. Omeletrol met gerookte zalm 75
   33. Nacho's van Gerookte Zalm 77
   34. Gerookte Zalmarancini 79
   35. Aardappelnesten Met Microgroenten 82

36. CRÊPE- SPIRALEN VAN GEROOKTE ZALM 84
37. GEROOKTE ZALM GEVULDE EIEREN 86
38. VLIERBLOESEM EN GEROOKTE ZALM CANAPÉS 89
39. KNOFLOOKKRUID EN ZALM EMPANADAS 91
40. ZALM EN ROOMKAAS MUFFINS 93
41. GRAPEFRUIT EN GEROOKTE ZALMCROSTINI 95
42. GEROOKTE ZALM GEVULDE AVOCADO'S 97
43. KOMKOMMERSUSHI MET WASABI MICROGREENS 99
44. DAIKON SPROUT EN GEROOKTE ZALM SUSHI ROLL......................................101
45. COURGETTEBOOTJES MET GEROOKTE ZALM...103
46. GEROOKTE ZALM & ROOMKAAS PINTXO 105
47. AARDAPPELKOEKJES MET GEROOKTE ZALM MET MIERIKSWORTELROOM....107

BROODJES EN WRAPS 109

48. GEROOKTE ZALM EN GEITENKAAS GEGRILDE KAAS....................................110
49. SANDWICHES MET GEROOKTE ZALM EN DILLE..112
50. WRAP MET GEROOKTE ZALM EN KOMKOMMER...114
51. BAGELSANDWICH MET AVOCADO EN GEROOKTE ZALM 116
52. WRAP MET GEROOKTE ZALM EN SPINAZIE...118
53. BAGELBURGER MET GEROOKTE ZALM EN KOMKOMMER 120
54. CIABATTA-SANDWICH MET GEROOKTE ZALM 122
55. THEESANDWICHES MET GEROOKTE ZALM EN ANDIJVIE 124
56. MET GEROOKTE ZALM EN ASPERGES...126
57. ZALM EN EIEROMSLAG 128

HOOFDGERECHT 130

58. GEROOKTE ZALM EN SPINAZIE LASAGNE..131
59. GEROOKTE ZALM EN BRIE-STRUDEL 134
60. SOUFFLÉTAART VAN GEROOKTE ZALM 137
61. RAVIOLI MET GEROOKTE ZALM EN ROOMKAAS 139
62. RAVIOLI VAN GEROOKTE ZALM MET GEROOSTERDE UI 141
63. KOMMEN MET GEROOKTE ZALM EN SOBA-NOEDELS.................................145
64. PASTA MET GEROOKTE ZALM...147
65. GEROOKTE ZALMQUICHE MET DILLE EN PREI..149
66. RISOTTO VAN GEROOKTE ZALM EN ASPERGES 151
67. ROMIGE GEROOKTE ZALM EN CHAMPIGNONFETTUCCINE 153

RIJST- EN NOEDELKOMMEN 155

68. SUSHIKOM MET GEROOKTE ZALM EN ASPERGES 156
69. ZALM AVOCADO KIP SUSHI BOWL...158
70. GEDECONSTRUEERDE PHILLY ROLL SUSHI BOWL 160
71. GEMAKKELIJK GEBAKKEN RIJST ONTBIJTKOM..162
72. ALFALFASPRUIT EN ZALMSUSHIKOM 164
73. KOMMEN MET GEROOKTE ZALM EN SOBA-NOEDELS.................................166
74. RIJSTKOM MET TERIYAKI ZALM...168
75. THAISE NOEDELKOM MET GEROOKTE ZALM 170

76. Saladekom Met Gerookte Zalm En Wilde Rijst 172
SALADES 174
77. Gerookte Zalm , Komkommer En Pastasalade 175
78. Pasta En Gerookte Zalmsalade 177
79. Salade Van Gerookte Zalm En Rode Bieten 179
80. Pastasalade Met Zalm En Courgette 181
81. Salade van gerookte zalm Nicoise 183
82. Wortel En Gerookte Zalmsalade 185
83. Gerookte Zalm Gevuld Met Russische Salade.................................... 188
84. Pastasalade Met Gerookte Zalm En Dille 190
85. Linzen En Gerookte Zalm Niçoise Kommen 192
86. Gerookte Zalm En Avocadosalade 194
87. Gerookte Zalm En Quinoa Salade 196
88. Salade Met Gerookte Zalm En Waterkers... 198
89. Gerookte Zalm En Mangosalade 200
SOEPEN.. 202
90. Zomersoep met Ierse gerookte zalm 203
91. Aardappelsoep Met Gerookte Zalmsaus 205
92. Romige soep van gerookte zalm en dille... 207
93. Gerookte Zalm Chowder 209
94. Gerookte Zalm En Preisoep... 211
95. Noordse Gerookte Zalmsoep 213
96. Gerookte zalmbisque 215
97. Minestrone van Gerookte Zalm.. 217
98. Chowder Van Gerookte Zalm En Zoete Aardappel 219
99. Gerookte Zalm En Wilde Rijstsoep 221
100. Tortellini gerookte zalmsoep 223
CONCLUSIE 225

INVOERING

Welkom bij 'Het ultieme receptenboek voor gerookte zalm: van brunch tot diner, ontdek 100 veelzijdige recepten voor gerookte zalm.' Gerookte zalm, met zijn delicate smaak en luxueuze textuur, is een geliefd ingrediënt dat in keukens over de hele wereld wordt genoten. In dit kookboek nodigen we je uit om de veelzijdigheid en verrukkingen van gerookte zalm te ontdekken, met een samengestelde verzameling van 100 overheerlijke recepten die variëren van brunch tot diner en alles daartussenin.

Gerookte zalm is meer dan alleen een gastronomische traktatie; het is een veelzijdig ingrediënt dat elk gerecht naar een hoger niveau kan tillen met zijn rijke smaak en elegante presentatie. In dit kookboek laten we de vele manieren zien waarop u gerookte zalm in uw kookkunsten kunt verwerken, van klassieke brunchfavorieten zoals Eggs Benedict met gerookte zalm tot creatieve dinercreaties zoals pasta met gerookte zalm en sushibroodjes met gerookte zalm.

Elk recept in dit kookboek is ontworpen om de unieke kwaliteiten van gerookte zalm te benadrukken en tegelijkertijd een frisse en opwindende draai aan traditionele gerechten te geven. Of u nu een chique brunch organiseert, een snel en lekker doordeweeks diner bereidt, of op zoek bent naar elegante hapjes om indruk te maken op uw gasten, op deze pagina's vindt u volop inspiratie.

Met duidelijke instructies, handige tips en verbluffende fotografie maakt "Het Ultieme Receptenboek voor Gerookte Zalm" het gemakkelijk om gerechten van restaurantkwaliteit te bereiden in het comfort van uw eigen keuken. Of u nu een doorgewinterde chef-kok of een beginnende kok bent, u zult met een gerust gevoel de heerlijke wereld van gerookte zalm verkennen en nieuwe manieren ontdekken om van dit voortreffelijke ingrediënt te genieten.

ROKENDE ZALM

1.Gerookte Citroen Knoflook Zalm

INGREDIËNTEN:
- 1 ½ pond. Zalmfilet
- zout en peper naar smaak
- 3 teentjes knoflook, fijngehakt
- 1 takje verse dille, gehakt
- 5 plakjes citroen
- 5 takjes verse dille-wiet
- 2 groene uien, gehakt

INSTRUCTIES:
a) Bereid de roker voor op 250 ° F.
b) Spuit twee grote stukken aluminiumfolie in met kookspray.
c) Leg de zalmfilet op een stuk folie.
d) Bestrooi de zalm met zout, peper, knoflook en gehakte dille.
e) Leg de schijfjes citroen op de filet en leg op elk schijfje een takje dille.
f) Bestrooi de filet met groene uien.
g) Rook ongeveer 45 minuten.

2.Suiker gerookte zalmfilets

INGREDIËNTEN:
- 2 zalmfilets
- ¼ kopje bruine suiker
- 2 eetlepels koosjer zout
- 1 eetlepel zwarte peper
- Citroenpartjes voor erbij

INSTRUCTIES:
a) Meng in een kleine kom de bruine suiker, het koosjer zout en de zwarte peper.
b) Dep de zalmfilets droog met keukenpapier en leg ze op een bakplaat.
c) Wrijf het mengsel van bruine suiker gelijkmatig over beide zijden van de zalmfilets.
d) Verwarm uw roker voor op 110°C (225°F) en voeg uw favoriete houtsnippers of stukjes toe om te roken.
e) Leg de zalmfilets direct op de rookroosters en sluit het deksel.
f) Rook de zalm ongeveer 2-3 uur of tot hij een interne temperatuur van 63°C heeft bereikt.
g) Haal de zalm uit de roker en laat hem een paar minuten rusten voordat je hem serveert.
h) Serveer met partjes citroen en geniet ervan!

3.Kruidengerookte zalm

INGREDIËNTEN:
- 2 pond zalmfilets
- ¼ kopje verse kruiden (zoals dille, peterselie, tijm, rozemarijn), fijngehakt
- 2 eetlepels olijfolie
- 2 eetlepels citroensap
- 1 eetlepel koosjer zout
- 1 theelepel zwarte peper
- Roken van houtsnippers of stukjes (zoals appel, hickory of els)

INSTRUCTIES:
a) Spoel de zalmfilets af en dep ze droog met keukenpapier.
b) Meng in een kleine kom de gehakte kruiden, olijfolie, citroensap, koosjer zout en zwarte peper tot een marinade.
c) Leg de zalmfilets in een ondiepe schaal en giet de marinade erover. Zorg ervoor dat de filets gelijkmatig bedekt zijn. Laat ze 30 minuten tot 1 uur marineren in de koelkast.
d) Terwijl de zalm aan het marineren is, verwarm je de roker voor volgens de instructies van de fabrikant. Streef naar een temperatuur van ongeveer 225°F (110°C).
e) Als u houtsnippers gebruikt, laat deze dan ongeveer 30 minuten in water weken voordat u ze rookt.
f) Haal de zalmfilets uit de marinade en leg ze direct op de rookroosters, met het vel naar beneden.
g) Voeg de geweekte houtsnippers of brokken toe aan de rookbox of rechtstreeks op de kolen.
h) Sluit het deksel van de roker en laat de zalm ongeveer 1 tot 2 uur roken, of totdat de interne temperatuur 63°C bereikt en het vlees gemakkelijk loslaat.
i) Houd tijdens het rookproces de temperatuur en het rookniveau in de gaten en pas deze indien nodig aan.
j) Zodra de zalm gerookt is, haalt u hem uit de roker en laat u hem een paar minuten rusten voordat u hem serveert.
k) Serveer de kruidengerookte zalm als hoofdgerecht, op een bagel met roomkaas, of in salades of pastagerechten.

4.B bq Rook-gegrilde zalm

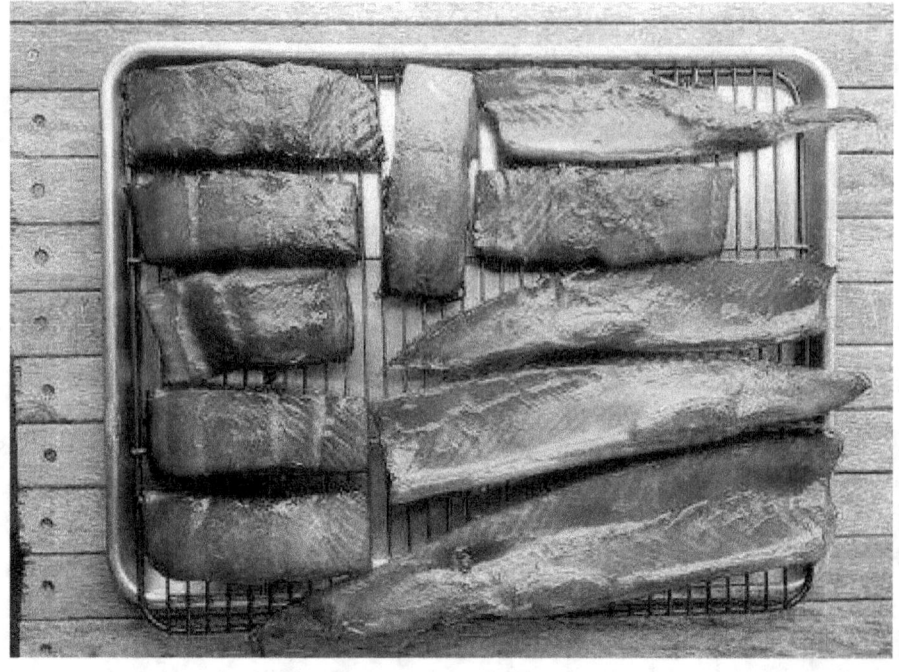

INGREDIËNTEN:

- 4 zalmfilets
- 2 eetlepels olijfolie
- 2 eetlepels sojasaus
- 2 eetlepels ahornsiroop of honing
- 1 eetlepel Dijon-mosterd
- 1 theelepel gerookte paprikapoeder
- 1 theelepel knoflookpoeder
- ½ theelepel zwarte peper
- BBQ-rookhoutsnippers of stukjes (zoals hickory, mesquite of appel)

INSTRUCTIES:
a) Verwarm uw grill voor als u indirect wilt grillen. Als u een houtskoolgrill gebruikt, plaats de kolen dan aan één kant van de grill. Als u een gasbarbecue gebruikt, steek dan slechts één kant van de branders aan.
b) Week de BBQ-rokende houtsnippers of stukjes in water gedurende ongeveer 30 minuten.
c) Meng in een kleine kom de olijfolie, sojasaus, ahornsiroop of honing, Dijon-mosterd, gerookte paprika, knoflookpoeder en zwarte peper tot een marinade.
d) Leg de zalmfilets in een ondiepe schaal en giet de marinade erover. Zorg ervoor dat de filets gelijkmatig bedekt zijn. Laat ze ongeveer 15-30 minuten marineren.
e) Terwijl de zalm aan het marineren is, laat je de houtsnippers of stukjes uitlekken en doe je ze in een rookdoos of maak je een rookzakje met aluminiumfolie.
f) Plaats de rookbox of het rookzakje direct op de hete kolen of op de verwarmde kant van de gasgrill.
g) Zodra de grill klaar is, smeert u de roosters in met olie om vastplakken te voorkomen.
h) Leg de zalmfilets op de koelere kant van de grill, uit de buurt van de directe hitte.
i) Sluit het deksel van de grill en laat de zalm ongeveer 15-20 minuten koken, of tot hij een interne temperatuur van 63°C heeft bereikt en gemakkelijk uit elkaar valt met een vork.
j) Controleer de houtsnippers of brokken regelmatig en voeg indien nodig meer toe om de rook te behouden.
k) Zodra de zalm gaar is, haal je hem van de grill en laat je hem een paar minuten rusten voordat je hem serveert.
l) Serveer de BBQ-rookgegrilde zalm met je favoriete bijgerechten of een scheutje vers citroensap.
m) Geniet van de heerlijk rokerige smaak van de gegrilde zalm!

5. Gerookte Zalm Jerky

INGREDIËNTEN:
- 1 ¼ pond zalm
- 1 el melasse
- 1 el Citroensap, vers geperst
- 2 theelepel Zwarte peper
- 1 theelepel vloeibare rook
- 1 ¼ pond sojasaus

INSTRUCTIES:

a) Snijd de zalmvis in plakjes van ¼ inch dik. Meng in een kom sojasaus, melasse, citroensap, peper en vloeibare rook.

b) Breng het op de visplakken aan en marineer ze door ze een nacht in de koelkast te plaatsen, verpakt in een plastic zak.

c) Plaats het op de droogovenbak als het klaar is op 145 graden en laat het 8 uur verwerken.

ONTBIJT

6.Gerookte zalm En Roomkaas Op Toost

INGREDIËNTEN:
- 8 sneetjes stokbrood of roggebrood
- ½ kopje roomkaas verzacht
- 2 Eetlepels witte ui, in dunne plakjes gesneden
- 1 kopje gerookte zalm, in plakjes gesneden
- ¼ kopje boter, ongezouten variant
- ½ theelepel Italiaanse kruiden
- Dilleblaadjes, fijngehakt
- Zout en peper naar smaak

INSTRUCTIES:
a) Smelt de boter in een kleine koekenpan en voeg geleidelijk Italiaanse kruiden toe. Verdeel het mengsel over de sneetjes brood.
b) Rooster ze een paar minuten met een broodrooster.
c) Smeer wat roomkaas op het geroosterde brood. Beleg vervolgens met gerookte zalm en dunne plakjes rode ui. Herhaal het proces totdat alle geroosterde sneetjes brood zijn gebruikt.
d) Schep het geheel op een serveerschaal en garneer er fijngehakte dilleblaadjes bovenop.

7.Wafels Met Gerookte Zalm En Dille

INGREDIËNTEN:
- 1 ½ kopje bloem voor alle doeleinden
- 2 theelepels bakpoeder
- ½ theelepel zout
- ¼ theelepel zwarte peper
- ¼ kopje gehakte verse dille
- ½ kopje gehakte gerookte zalm
- ¼ kopje geraspte Parmezaanse kaas
- 1 groot ei
- 1 kopje melk
- 2 eetlepels gesmolten boter

INSTRUCTIES:
a) Meng in een mengkom de bloem, het bakpoeder, het zout en de zwarte peper.
b) Voeg de dille, gerookte zalm en Parmezaanse kaas toe aan de droge ingrediënten.
c) Klop in een aparte kom het ei, de melk en de gesmolten boter samen.
d) Giet de natte ingrediënten bij de droge ingrediënten en roer tot ze net gemengd zijn.
e) Verwarm je wafelijzer voor en vet het licht in.
f) Giet het beslag op het voorverwarmde wafelijzer en bak volgens de instructies van de fabrikant.
g) Serveer de gerookte zalm-dillewafels met een toefje zure room of roomkaas en garneer eventueel nog met verse dille.

8.Gebakken Eieren Met Gerookte Zalm

INGREDIËNTEN:
- 2 eetlepels Boter
- 3 eetlepels Zachte broodkruimels
- 2 Eieren
- 1 Teentje knoflook; gehakt
- 2 ons roomkaas
- 2 ons Gerookte zalm; gesneden
- 2 ons Scherpe cheddarkaas; geraspt
- 1 Tomaat; dik gesneden

INSTRUCTIES:
a) Boterschotels . Druk 2 tot 3 theelepels broodkruimels op de bodem en zijkanten van elk broodje. Meng de resterende kruimels met 1 theelepel boter en bewaar. Breek in elk gerecht een ei. Pureer de knoflook met roomkaas en plaats deze voorzichtig over de eieren. Voeg gerookte zalm toe en vouw indien nodig lange reepjes.

b) Strooi geraspte cheddar over de zalm. Leg op elk bord 1 schijfje tomaat.

c) Verkruimel de helft van de broodkruimels over elk gerecht en bak in 350 ovens gedurende 8 tot 15 minuten, en gril vervolgens gedurende 2 tot 3 minuten, tot de bovenkant bruin en licht knapperig is. Serveer in één keer.

9. Gerookte Zalm En Roomkaas Gevulde Pannenkoeken

INGREDIËNTEN:
- 1 ½ kopje bloem voor alle doeleinden
- 1 ½ theelepel bakpoeder
- Snufje zout
- 1 eetlepel kristalsuiker
- 1 ¼ kopjes melk
- 1 ei
- 3 eetlepels boter, gesmolten
- 4 ons gerookte zalm, in dunne plakjes gesneden
- 4 ons roomkaas, verzacht
- Verse dille, gehakt (optioneel)
- Citroenpartjes, om te serveren

INSTRUCTIES:
a) Klop in een grote mengkom het bloem voor alle doeleinden, het bakpoeder, een snufje zout en de kristalsuiker tot alles goed gemengd is.
b) Klop in een aparte kom de melk, het ei en de gesmolten boter tot een gladde massa.
c) Giet de natte ingrediënten bij de droge ingrediënten en roer tot ze net gemengd zijn. Zorg ervoor dat u niet te veel mengt; een paar klontjes zijn oké.
d) Verhit een koekenpan of bakplaat met antiaanbaklaag op middelhoog vuur en voeg een kleine hoeveelheid boter of olie toe om het oppervlak in te vetten.
e) Zodra de koekenpan heet is, giet je voor elke pannenkoek ongeveer ¼ kopje beslag in de koekenpan.
f) Kook tot er belletjes ontstaan op het oppervlak van de pannenkoeken en de randen beginnen te stollen, ongeveer 2-3 minuten.
g) Draai de pannenkoeken voorzichtig om en bak ze nog eens 1-2 minuten, of tot ze goudbruin en gaar zijn.
h) Haal de pannenkoeken uit de pan en laat ze iets afkoelen.
i) Smeer op elke pannenkoek een laagje zachte roomkaas.
j) Leg een paar plakjes gerookte zalm op de roomkaas.
k) Bestrooi indien gewenst met gehakte verse dille.
l) Rol de pannenkoeken op en serveer met partjes citroen ernaast.

10.Radijs En Gerookte Zalm Bagel

INGREDIËNTEN:
- 2 bagels, in plakjes gesneden en geroosterd
- 4 ons gerookte zalm
- ¼ kopje gesneden radijsjes
- 2 eetlepels roomkaas
- 1 eetlepel gehakte verse dille
- Zout en peper naar smaak

INSTRUCTIES:
a) Verdeel de roomkaas gelijkmatig over elke geroosterde bagelhelft.
b) Beleg met plakjes gerookte zalm.
c) Strooi de gesneden radijsjes en gehakte dille erover.
d) Breng op smaak met zout en peper.
e) Serveer met een open gezicht.

11.Zalm En Zongedroogde Tomaten

INGREDIËNTEN:
- In de winkel gekochte korst

VOOR DE VULLING:
- 150 gram gestoomde spinazie
- 8 kleine gerookte zalmfilets
- ¼ kopje gehydrateerde zongedroogde tomaten
- 1 kleine ui, gehakt
- ¼ kopje vers geraspte Parmigiano-Reggiano-kaas
- 2 eetlepels Ricottakaas
- ½ kopje slagroom
- ⅔ kopje melk
- 2 eieren + 1 eigeel
- 1 theelepel olijfolie
- ¼ theelepel tijm
- Zout en peper naar smaak

INSTRUCTIES:
VOOR DE VULLING:
a) Snijd de uien en verwarm de olijfolie in een pan.
b) Fruit de gehakte uien tot ze doorschijnend worden, ongeveer 2 minuten.
c) Zet het vuur uit en voeg de gestoomde spinazie toe aan de uien. Meng goed, breng op smaak met zout en peper en zet opzij.
d) Klop in een mengkom de melk, slagroom, eieren en eigeel samen tot alles goed gemengd is. Zorg ervoor dat alle ingrediënten op kamertemperatuur zijn.
e) Voeg peper, zout en tijm toe aan het mengsel. Opzij zetten.

VOOR MONTEREN EN BAKKEN:
f) Verwarm uw oven voor op 375 graden Fahrenheit (190 graden Celsius).
g) Plaats de voorgebakken taartbodem op een grotere bakplaat.
h) Vul het met het uien-spinaziemengsel en verdeel het gelijkmatig.
i) Voeg de gegrilde zalm en de zongedroogde tomaten toe.
j) Rasp wat Parmigiano-Reggiano-kaas en strooi Ricotta-kaas over de taart.
k) Giet tenslotte het custardmengsel over de vulling.
l) Bak de quiche in de voorverwarmde oven gedurende ongeveer 25 tot 30 minuten, of totdat de custard stevig is en een mes dat langs de randen van de custard is gestoken er schoon uitkomt.
m) Laat de taart ongeveer 5 minuten afkoelen op een afkoelrek.
n) Haal de taart uit de pan, snijd hem in stukken en serveer. Geniet van uw quiche met gegrilde zalm en zongedroogde tomaten!

12.Eieren Benedictus Met Roze limonade Hollandaise

INGREDIËNTEN:
- 4 Engelse muffins, gedeeld
- 1 pond gerookte zalm
- 8 eieren, gepocheerd
- Gehakte verse peterselie
- Grove zwarte peper

VOOR DE HOLLANDAISE SAUS :
- 1 eierdooier
- 1 theelepel roze limonadeconcentraat
- 1 eetlepel water
- 1 kopje gezouten boter, gesmolten
- 2 scheutjes Tabasco-saus
- ½ theelepel gemalen witte peper
- 1 theelepel koosjer zout

INSTRUCTIES:

a) Plaats de Engelse muffins op afzonderlijke borden en beleg ze vervolgens met een kwart pond gerookte zalm en een gepocheerd ei.
b) Doe alle ingrediënten voor de hollandaisesaus in een blender en mix de ingrediënten tot ze goed gemengd zijn.
c) Giet de hollandaisesaus over de eieren.
d) Strooi de peterselie en zwarte peper erover.

13. Omelet Met Gerookte Zalm En Dille

INGREDIËNTEN:
- 3 grote eieren
- 2 ons gerookte zalm, in dunne plakjes gesneden
- 1 eetlepel gehakte verse dille
- Zout en peper naar smaak
- 1 eetlepel boter

INSTRUCTIES:
a) Breek de eieren in een kom en klop ze tot ze goed geklopt zijn. Breng op smaak met zout en peper.
b) Verhit de boter in een koekenpan met antiaanbaklaag op middelhoog vuur tot deze gesmolten is.
c) Giet de losgeklopte eieren in de koekenpan en kantel deze om een gelijkmatige dekking te garanderen.
d) Laat de eieren een paar seconden koken totdat ze aan de randen beginnen te stollen.
e) Leg de plakjes gerookte zalm op één helft van de omelet.
f) Strooi de gehakte dille over de gerookte zalm.
g) Vouw met een spatel de andere helft van de omelet voorzichtig over de zalm en dille.
h) Kook nog een minuut of tot de omelet gestold en licht goudbruin is.
i) Doe de omelet op een bord en serveer warm.

14.Brunchbord

INGREDIËNTEN:
- Diverse bagels of croissants
- Gerookte zalm of lox
- Roomkaas
- Gesneden tomaten en komkommers
- Gesneden rode uien
- Kappertjes
- Verse dille
- Vers fruit (zoals bessen, meloen of druiven)
- Yoghurt of honing om erbij te serveren

INSTRUCTIES:
a) Schik de diverse bagels of croissants op een grote serveerplank of schaal.
b) Smeer roomkaas op de bagels of croissants.
c) Leg gerookte zalm of lox op de roomkaas.
d) Leg de gesneden tomaten, komkommers en rode uien op het bord.
e) Strooi kappertjes en verse dille over de zalm.
f) Voeg vers fruit toe aan het bord voor een verfrissend element.
g) Serveer yoghurt of honing in kleine schaaltjes waar de gasten van kunnen genieten met het fruit.
h) Serveer en geniet!

15. Grapefruit En Gerookte Zalm Bagel

INGREDIËNTEN:
- 1 bagel, in plakjes gesneden en geroosterd
- 2 eetlepels roomkaas
- 1 grapefruit, gesegmenteerd
- 2 ons gerookte zalm
- 1 eetlepel kappertjes
- 1 eetlepel verse dille

INSTRUCTIES:
a) Verdeel de roomkaas over de geroosterde bagel.
b) Beleg met grapefruitpartjes en gerookte zalm.
c) Strooi er kappertjes en verse dille over.
d) Serveer onmiddellijk.

16.Gerookte Zalm En Avocado Toast

INGREDIËNTEN:
- 4 sneetjes volkorenbrood
- 150 gram gerookte zalm
- 1 rijpe avocado, in plakjes gesneden
- 4 gepocheerde eieren
- Verse dille, ter garnering
- Citroenpartjes, om te serveren
- Zout en peper naar smaak

INSTRUCTIES:
a) Rooster de sneetjes volkorenbrood naar eigen smaak.
b) Leg op elk stuk toast plakjes gerookte zalm.
c) Beleg met gesneden avocado.
d) Pocheer de eieren tot de gewenste gaarheid.
e) Leg op elke toast een gepocheerd ei.
f) Breng op smaak met zout en peper.
g) Garneer met verse dille.
h) Serveer met partjes citroen ernaast voor een citrusachtige toets.

17. Croissants Met Kruiden En Roomkaas

INGREDIËNTEN:

- 2 grote croissants
- 4 eetlepels kruidenroomkaas
- 4 plakjes gerookte zalm
- Verse dille, gehakt
- Kappertjes voor garnering
- Citroenpartjes voor erbij

INSTRUCTIES:

a) Verwarm uw oven voor volgens de instructies op de croissantverpakking.
b) Snijd elke croissant horizontaal doormidden.
c) Verdeel 2 eetlepels gekruide roomkaas op de onderste helft van elke croissant.
d) Leg een plakje gerookte zalm op de roomkaas.
e) Strooi verse dille over de gerookte zalm.
f) Leg de bovenste helft van de croissant er weer op, zodat er een sandwich ontstaat.
g) Bak de croissants in de voorverwarmde oven tot ze warm en licht geroosterd zijn.
h) Garneer met kappertjes en serveer met partjes citroen ernaast.

18.Marokkaanse ontbijtwrap

INGREDIËNTEN:
- Volkoren wrap of platbrood
- Hummus
- Gerookte zalm
- Komkommer, in dunne plakjes gesneden
- Verse dille, gehakt

INSTRUCTIES:
a) Verdeel de hummus gelijkmatig over de volkoren wrap.
b) Laagje gerookte zalm en dun gesneden komkommer.
c) Bestrooi met gehakte verse dille.
d) Rol de wrap strak op en snijd hem doormidden.

19. Avocado En Gerookte Zalm Portobello Benedict

INGREDIËNTEN:
- 4 grote portobello -champignons
- 4 eieren
- 4 oz gerookte zalm
- 1 avocado, in plakjes gesneden
- Hollandaisesaus (gekocht of zelfgemaakt)
- Bieslook, fijngehakt (voor garnering)

INSTRUCTIES:
a) Verwarm de oven voor op 190°C.
b) Verwijder de steeltjes van de portobello- champignons en leg ze op een bakplaat.
c) Breek een ei in elke champignonhoed.
d) Bak gedurende 15-20 minuten of tot de eieren naar wens gekookt zijn.
e) Leg op elke champignon een plakje gerookte zalm en avocado.
f) Druppel de hollandaisesaus erover.
g) Garneer met gehakte bieslook.

20. Zalm En Quinoa -ontbijt

INGREDIËNTEN:
- 2 grote eieren, gekookt, geschild en in plakjes gesneden
- 1 krop Little Gem-sla, blaadjes gescheiden
- ½ Perzische komkommer, in plakjes gesneden
- 4 zeer dunne plakjes rode ui
- 3 ons gerookte zalm , grof in vlokken
- ½ kopje gekookte quinoa of ander graan
- 2 eetlepels kokosolie
- 1 eetlepel uitgelekte kappertjes
- ¼ theelepel fijn geraspte citroenschil
- 1 eetlepel plus 2 theelepels vers citroensap
- Gehakte dille
- 1 avocado, in plakjes

INSTRUCTIES:
a) Meng sla, komkommer, ui, gerookte zalm , quinoa, olie, kappertjes, citroenschil en citroensap in een grote kom; breng op smaak met zout en peper.
b) Beleg met plakjes ei, avocado en dille.

21. Deense eiersalade

INGREDIËNTEN:
- ½ pond bevroren erwten
- 1 blikje kleine garnalen
- 6 eieren; 10 minuten gekookt
- 3 ons gerookte zalm
- 1½ ons mayonaise
- 4 ons zure room
- Zout en peper naar smaak
- 1 snufje suiker
- ¼ Citroen; sap van
- ½ bosje peterselie; gehakt
- 1 Tomaat
- Stukjes peterselie

INSTRUCTIES:
a) Kook erwten volgens de instructies op de verpakking; laat ze uitlekken en afkoelen.
b) Giet de garnalen af.
c) Pel en snijd de gekookte eieren.
d) Snij de gerookte zalm in kleine reepjes.
e) Meng alle ingrediënten door elkaar.
f) Bereid de marinade door mayonaise, zure room, zout, peper, suiker, gehakte peterselie en citroensap naar smaak te combineren.
g) Meng alle ingrediënten zorgvuldig en zet het 10-15 minuten in de koelkast.
h) Schil de tomaat en snijd hem in partjes.
i) Garneer de salade met stukjes peterselie.

22.Aardappelpannenkoekjes Met Zalm En Citroenroom

INGREDIËNTEN:
VOOR DE PANNENKOEKEN:
- 4 gebakken aardappelen, gekoeld
- 1 theelepel boter
- 1 rode ui
- 1 gele ui
- 1 bos groene uien
- 1 theelepel gehakte knoflook
- Zout en peper naar smaak
- 1 ei, lichtgeklopt
- Plantaardige olie of geklaarde boter om te sauteren

VOOR DE CITROEN-DILL ZURE ROOM:
- 1 kopje zure room
- Schil en sap van 1 citroen
- 1 theelepel gehakte dille

VOOR HET SERVEREN:
- 6 tot 8 ons Schotse gerookte zalm
- Verse dille voor garnering

INSTRUCTIES:
a) Smelt de boter in een koekenpan en bak de uien en knoflook tot ze zacht zijn.
b) Voeg geraspte, gekoelde gebakken aardappelen toe aan het uienmengsel. Breng op smaak met zout en peper.
c) Voeg het lichtgeklopte ei toe en meng goed. Laat het mengsel 30 minuten afkoelen.
d) Vorm van het aardappelmengsel 8 pasteitjes.
e) Verhit een pan of bakplaat met anti-aanbaklaag en voeg net genoeg olie of geklaarde boter toe om te bedekken.
f) Bak de aardappelpannenkoekjes in de olie aan beide kanten goudbruin.
g) Plaats de aardappelkoekjes op serveerschalen.

VOOR DE CITROEN-DILL ZURE ROOM:
h) Meng in een kom zure room, citroensap en -schil en gehakte dille.
i) Breng op smaak met zout en peper.
j) Bewaar het gekoeld tot gebruik.

MONTAGE:
k) Bestrijk elk aardappelkoekje met een klodder Lemon Dill Sour Cream en Schotse gerookte zalm.
l) Garneer met takjes verse dille.
m) Serveer en geniet!

23. Schotse Haverkoekjes Met Gerookte Zalm

INGREDIËNTEN:
- 1 kopje haver
- 1/2 kop volkorenmeel
- 1/2 theelepel zuiveringszout
- 1/4 theelepel zout
- 1/2 kopje karnemelk
- 4 oz gerookte zalm
- Roomkaas
- Verse dille (ter garnering)

INSTRUCTIES:
a) Meng haver, volkorenmeel, zuiveringszout en zout in een kom.
b) Voeg karnemelk toe aan de droge ingrediënten en meng tot er een deeg ontstaat.
c) Rol het deeg uit op een met bloem bestoven oppervlak en snijd het in rondjes.
d) Bak de haverkoekjes op een bakplaat of koekenpan tot ze aan beide kanten goudbruin zijn.
e) Bestrijk elke haverkoek met roomkaas en gerookte zalm.
f) Garneer met verse dille en serveer.

VOORGERECHTEN

24. Romige Aardappel Zalm Bites

INGREDIËNTEN:
- 20 kleine rode aardappelen
- 200 gram gerookte zalm, in hapklare stukjes gesneden
- 1 kopje zure room
- 1 middelgrote witte ui, fijngehakt
- Zout en peper naar smaak
- Verse dilleblaadjes, fijngehakt

INSTRUCTIES:
a) Breng een grote pan water aan de kook en voeg 2 eetlepels zout toe aan de pan. Doe de aardappelen in de pan en kook 8-10 minuten of tot de aardappelen gaar zijn.
b) Vis de aardappelen onmiddellijk uit de pot en doe ze in een kom. Giet er koud water overheen om het kookproces te stoppen. Laat goed uitlekken en zet opzij.
c) Meng de rest van de ingrediënten in een middelgrote kom. Laat het 5-10 minuten in de koelkast afkoelen.
d) Snijd de krieltjes doormidden en schraap een deel van het midden van de aardappelen weg. Doe het uitgeschepte aardappelvlees in het gekoelde romige mengsel. Combineer goed met de overige ingrediënten.
e) Garneer de aardappelen met het romige mengsel met behulp van een theelepel of een spuitzak.
f) Bestrooi voor het serveren met nog meer fijngehakte dilleblaadjes.

25.Gerookte zalmdip

INGREDIËNTEN:
- 1 kopje gerookte zalm, gehakt
- 1 kopje roomkaas, kamertemperatuur
- ½ kopje zure room, variant met verlaagd vetgehalte
- 1 Eetlepels citroensap, vers geperst
- 1 Eetlepels bieslook of dille, gehakt
- ½ theelepel hete saus
- Zout en peper naar smaak
- Franse stokbroodplakken of dunne tarwecrackers om te serveren

INSTRUCTIES:

a) Doe de roomkaas, zure room, citroensap en hete saus in een keukenmachine of elektrische mixer. Pureer het mengsel tot een gladde massa.

b) Breng het mengsel over naar een container. Voeg de gehakte gerookte zalm en de gehakte bieslook toe en meng goed.

c) Zet het mengsel een uur in de koelkast en garneer vervolgens met nog meer gehakte bieslook. Serveer de gekoelde zalmspread met plakjes stokbrood of dunne crackers.

26.Canapés Met Gerookte Zalm

INGREDIËNTEN:
- 6 ons Roomkaas (verzacht)
- 25 Canapés basissen peterselie
- 2 theelepels Bereide mosterd
- 4 ons gerookte zalm

INSTRUCTIES:
a) Meng roomkaas en mosterd; Verdeel een deel van het mengsel dun over de canapébodems.
b) Leg op elke canapé een stukje zalm, bestrijk met een dotje van het resterende mengsel, of spuit desgewenst al het roomkaasmengsel rond de bodem.
c) Bestrijk elk gerecht met een takje peterselie.

27.Zalmrolletjes

INGREDIËNTEN:
- 6 gerookte zalm; dun gesneden
- 1 Bereid brooddeeg
- 1 ei; geslagen
- Groene ui; fijn gesneden
- Vers gemalen peper

INSTRUCTIES:

a) Rol het voorbereide deeg na het ontdooien uit tot een cirkel van 9 inch.
b) Bedek de bovenkant met reepjes zalm en voeg kruiden toe.
c) Snijd de cirkel in wigvormige stukken en rol ze strak op, beginnend bij de buitenrand. Bestrijk de rol met het losgeklopte ei en bak op 425°C gedurende ongeveer 15 minuten.

28. Aardappelsoep Met Gerookte Zalmsaus

INGREDIËNTEN:
- ½ Plak ongezouten boter
- 1¼ pond Gele uien, in dunne plakjes gesneden
- 3 Ribben bleekselderij, gehakt
- Zout
- Cayenne
- Vers gemalen zwarte peper
- 1 Laurierblad
- 3 eetlepels Gesneden knoflook
- 10 kopjes Kippenbouillon
- 2 pond Aardappelen bakken, geschild
- ¼ kopje Heavy cream
- ½ pond Gerookte zalm, julienne
- ¼ kopje rode uien
- 2 eetlepels Gehakte bieslook
- Druppel extra vierge
- Olijfolie

INSTRUCTIES:

a) Smelt de boter in een soeppan van 6 liter op middelhoog vuur. Voeg de uien en selderij toe. Breng op smaak met zout, cayennepeper en zwarte peper, al roerend, tot de groenten zacht en licht goudbruin zijn, ongeveer 8 minuten.

b) Voeg het laurierblad en de knoflook toe en roer gedurende 2 minuten. Voeg de bouillon en de aardappelen toe en breng het mengsel aan de kook.

c) Zet het vuur middelhoog en laat het geheel zonder deksel sudderen tot de aardappelen heel zacht zijn en het mengsel dik en romig is, ongeveer 1 uur.

d) Haal de soep van het vuur. Gooi het laurierblad weg. Pureer met een staafmixer tot een gladde massa. Voeg langzaam de room toe. Roer om te mengen. Breng de soep opnieuw op smaak. Meng de zalm, rode uien en bieslook in een kleine mengkom.

e) Besprenkel de smaak met voldoende olie om te bevochtigen. Breng de saus op smaak met zwarte peper. Om te serveren, schep je de soep in individuele kommen.

f) Garneer de soep met de saus.

29.Gerookte Zalmblini's

INGREDIËNTEN:
- In de winkel gekochte blini's of minipannenkoekjes
- Plakjes gerookte zalm
- Zure room of crème fraîche
- Verse dille, ter garnering
- Citroenpartjes, om te serveren

INSTRUCTIES:
a) Als u in de winkel gekochte blini's gebruikt, verwarm deze dan volgens de instructies op de verpakking.
b) Leg op elke blini een plakje gerookte zalm.
c) Werk af met een klein schepje zure room of crème fraîche .
d) Garneer met verse dille.
e) Serveer de gerookte zalmblini's met partjes citroen ernaast.
f) Geniet van deze hapklare hapjes met een verfrissende toets en delicate smaken.

30.Kleine taartjes van gerookte zalm

INGREDIËNTEN:
- 1¾ kopje Meel voor alle doeleinden
- ¼ theelepel Salt John Culbertson-wijnmakerij.
- 8 eetlepels Boter
- ¼ kopje Koud water

INSTRUCTIES:

a) Doe de bloem, het zout en de boter in de kom van een keukenmachine.
b) Verwerk tot het deeg op een maaltijd lijkt.
c) Voeg water toe en verwerk totdat het deeg een bal op het mes vormt.
d) Rol het deeg uit tot een dikte van ¼ inch en snijd het in rondjes van 2 inch. Bekleed miniatuurtaartvormpjes met de deegrondjes.
e) Vulling: 120 gram gerookte zalm 150 gram Gruyere-kaas, fijngesnipperd 4 eieren, losgeklopt 1½ kopje melk ½ kopje slagroom ¼ theelepel zout ¼ theelepel peper
f) Dep de plakjes gerookte zalm af met keukenpapier om overtollig vocht te verwijderen en snijd de plakjes vervolgens in reepjes van 2,5 cm.
g) Verdeel de gesneden zalm over de taartbodems en strooi de kaas erover.
h) Meng de eieren, melk en room met zout en peper en giet het in elke taartvorm.
i) Bak de taartjes in een voorverwarmde oven van 400 graden F gedurende ongeveer 15 minuten.
j) Blijf dit tijdens het bakken controleren, want de taartjes zijn klein en nemen veel minder tijd in beslag dan een grotere taart.

31.Vuurraderen van gerookte zalm

INGREDIËNTEN:
- 1 kopje roomkaas
- 1 eetlepel wodka
- ¼ kopje rode ui, fijngehakt
- 2 eetlepels gehakte verse dille
- 1 eetlepel Citroensap
- Versgemalen peper
- 8 ons dun gesneden gerookt
- Zalm
- Vier 7-inch bloemtortilla's

INSTRUCTIES:
a) Combineer roomkaas, wodka, rode ui, dille en citroensap.
b) Verdeel ¼ kopje (50 ml) kaasmengsel over de tortilla.
c) Tortilla's beleggen met gerookte zalm. Rol strak op.
d) Verpak het in plasticfolie en bewaar het in de koelkast tot het nodig is.
e) Snijd de uiteinden van de tortilla af en snijd deze in 8 stukken. Garneer met takjes dille of bieslook.

32.Omeletrol met gerookte zalm

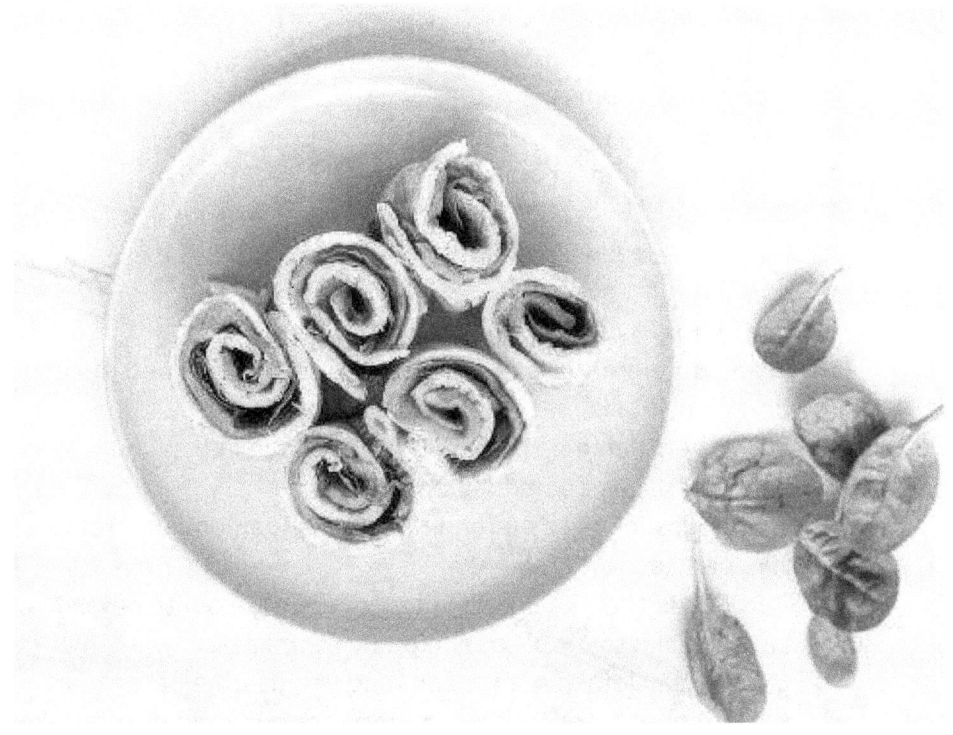

INGREDIËNTEN:
- 3 grote eieren
- 2 ons gerookte zalm
- 2 eetlepels roomkaas
- Verse dille takjes
- Zout en peper naar smaak
- Boter of olie
- Norivellen (zeewiervellen)

INSTRUCTIES:
a) Breek de eieren in een kom en klop ze tot ze goed geklopt zijn. Breng op smaak met zout en peper.
b) Verhit een kleine hoeveelheid boter of olie in een koekenpan met antiaanbaklaag op middelhoog vuur.
c) Giet de losgeklopte eieren in de koekenpan en kook tot ze stevig zijn, één keer omdraaien.
d) Verdeel de roomkaas gelijkmatig over de gekookte omelet.
e) Leg de plakjes gerookte zalm op de roomkaas.
f) Leg verse dilletakjes langs een rand van de omelet.
g) Rol de omelet strak op, beginnend vanaf de rand met de dille.
h) Snijd de opgerolde omelet in hapklare stukjes.
i) Neem een vel nori en leg er een stuk van de opgerolde omelet op.
j) Rol de nori strak om de omelet.
k) Herhaal dit met de overige stukjes omelet en nori- vellen.
l) Serveer de omeletrolletjes met gerookte zalm als hapje of als lichte snack.

33.Nacho's van Gerookte Zalm

INGREDIËNTEN:
- 4 ons gerookte zalm, gehakt
- 4 ons roomkaas, zacht
- 1 eetlepel kappertjes
- 1 eetlepel gehakte verse dille
- Zout en peper
- Tortilla chips
- 1 kop geraspte mozzarellakaas

INSTRUCTIES:
a) Verwarm de oven voor op 350 ° F.
b) Meng in een kom de gerookte zalm en de room en ga verder
c) kaas, kappertjes, dille, zout en peper tot alles goed gemengd is.
d) 3. Verdeel de tortillachips op een bakplaat en beleg met het gerookte zalmmengsel en de geraspte mozzarellakaas.
e) Bak in de oven gedurende 8-10 minuten, of tot de kaas gesmolten en bubbelend is.

34.Gerookte Zalmarancini

INGREDIËNTEN:
- 2 teentjes knoflook, geperst
- 200 g gerookte zalm, in stukjes gesneden
- 1 kop gewone bloem
- 20 g boter
- 1 bruine ui, fijngehakt
- 2 eetlepels citroensap
- 2 eetlepels kappertjes, uitgelekt, afgespoeld, fijngehakt
- 1 citroen, schil fijn geraspt
- 4 kopjes kippenbouillon
- ½ kopje Parmezaanse kaas, fijn geraspt
- 1 kopje hele eiermayonaise
- Snufje zwarte peper (voor kruiden)
- 2 kopjes Arboriorijst
- 1 eetlepels olijfolie
- 4 eieren, losgeklopt
- 1 kopje dille, takjes fijngehakt
- 2 ½ kopjes broodkruimels
- Snufje zeezout gemalen (naar smaak)

INSTRUCTIES:
a) Verwarm de oven voor op 180°C.
b) Verhit boter en olie in een hittebestendige braadpan op middelhoog vuur.
c) Voeg de ui toe en kook gedurende 3 minuten of tot ze zacht maar niet gekleurd zijn. Voeg knoflook toe en kook gedurende 1 minuut.
d) Rijst toevoegen en goed roeren. Roer de bouillon erdoor en breng aan de kook.
e) Dek af en breng over naar de oven. Kook gedurende 20 minuten of tot ze gaar zijn en het grootste deel van de vloeistof is opgenomen. Roer de Parmezaanse kaas erdoor. Doe over in een kom en laat afkoelen.
f) Voeg 1 eetlepel dille toe aan de koude rijst en roer door met een vork. Meng zalm en kappertjes in een aparte kom. Bekleed een grote bakplaat met plasticfolie.
g) Rol het risottomengsel met natte handen tot een bal. Druk een deel van het zalmmengsel in het midden en vorm de rijst opnieuw zodat deze omsluit. Plaats het op de voorbereide schaal. Ga verder met het mengsel.
h) Doe de bloem, het ei en het paneermeel in aparte kommen. Bestrijk elke bal lichtjes met bloem, ei en paneermeel. Opnieuw bestrijken met ei en paneermeel.
i) Vul een pan voor de helft met olie en plaats deze op middelhoog vuur. Als het warm is, kook je de arancini in porties gedurende 3-4 minuten, tot ze goudbruin zijn. Breng het over naar een bakje bekleed met papieren handdoeken.
j) Meng mayonaise, citroenschil en sap in een kom. Breng op smaak met zout en peper. Serveer arancini met citroenmayonaise.
k) Geniet van je gerookte zalm- arancini !

35. Aardappelnesten Met Microgroenten

INGREDIËNTEN:
AARDAPPELNESTEN:
- 1 teentje knoflook, fijngehakt
- ½ ui, gehakt
- 1 eetlepel boter, zacht
- 1 eetlepel olijfolie
- 1 pond Yukon-aardappelen, geschild en versnipperd
- 9 ons Cotija -kaas, verkruimeld

CHIPOTLE-DRESSING:
- 1 chipotle in adobo + 2 eetlepels adobosaus
- 1 teentje knoflook
- 1 kopje magere zure room
- 1 sleutellimoen, geperst
- ⅛ theelepel kippenbouillonpoeder

TOPPINGEN:
- 6 druiventomaten, gehalveerd
- 2 kopjes radijskiemen
- 2 ons gerookte zalm, in plakjes gesneden

INSTRUCTIES:
AARDAPPELNESTEN:
a) Verwarm de oven voor op 350 ° F.
b) Beboter een muffinvorm met 12 kopjes royaal.
c) Fruit de ui en knoflook gedurende 10 minuten in olie in een koekenpan op middelhoog vuur.
d) Meng de geraspte aardappelen en Cotija- kaas erdoor en kook gedurende 7 minuten.
e) Doe het mengsel in muffinvormpjes en druk het aan met een lepel.
f) Bak gedurende 30 minuten tot ze goudbruin zijn.

CHIPOTLE-DRESSING:
g) Meng alle ingrediënten voor de dressing tot een gladde massa.
h) Koel tot klaar voor gebruik.

SERVEREN
i) Leg de aardappelnestjes op een bord en beleg met de tomatenhelft, gerookte zalm, microgroenten en chipotledressing.
j) Genieten.

36. Crêpe- spiralen van gerookte zalm

INGREDIËNTEN:
- ½ pond Dun gesneden gerookte zalm
- 2 eetlepels Roomkaas op kamertemperatuur
- 2 eetlepels Ongezouten boter , in stukjes gesneden, op kamertemperatuur
- 2 theelepels Vers citroensap
- 2 theelepels Gesnipperde verse dille
- 4 Crêpes

INSTRUCTIES:
a) Pureer in een keukenmachine de helft van de gerookte zalm, voeg de roomkaas, boter en citroensap toe en mix tot het mengsel glad is.
b) Doe de puree in een kom en roer de dille erdoor.
c) op de lichtere kant van elke crêpe een dunne ¼ van het pureemengsel, beleg met ¼ plakjes zalm.
d) Rol de Crêpe strak op zodat de vulling in de Crêpe zit .
e) Koel ze met de naad naar beneden en laat ze minstens 1 uur afgedekt afgedekt staan, of tot ze stevig genoeg zijn om in plakjes te snijden.
f) Snijd diagonaal in spiralen van ¼ inch dik.

37. Gerookte Zalm Gevulde Eieren

INGREDIËNTEN:
- 12 grote eieren
- ½ kopje mayonaise
- 1 ½ eetlepel Dijon-mosterd
- ½ theelepel knoflookpoeder
- ¼ theelepel gedroogde dille
- Kosjer zout en peper, naar smaak
- 2 eetlepels Everything Bagel Seasoning, plus meer om te bestrooien
- 4 plakjes koudgerookte zalm

INSTRUCTIES:

a) Doe de eieren in een grote pan en vul deze met koud water. Breng het aan de kook en laat het 1 minuut koken, zet dan het vuur uit en dek de pan af. Laat de pot 12 minuten staan.

b) Plaats de pot na 12 minuten in de gootsteen en vul deze met koud water om de eieren onmiddellijk af te koelen. Je wilt dat de eieren ongeveer 30 minuten in koud water liggen, dus het kan zijn dat je het water moet weggooien en een paar keer moet bijvullen met koud water.

c) Pel na 30 minuten de eieren en leg ze op keukenpapier. Snijd ze doormidden en verwijder voorzichtig de dooiers. Je kunt ze verticaal doormidden snijden voor een eenvoudige presentatie of ze horizontaal doormidden snijden voor een meer decoratieve uitstraling.

d) Doe alle kruiden op een bord. Dompel de onderkant van elk eiwit in de kruiden.

e) Voeg in een keukenmachine of blender de eierdooiers, mayo, Dijon-mosterd, knoflookpoeder, dille en een flinke snuf zout en peper toe. Meng tot het mengsel glad en romig is en een mousse-achtige consistentie heeft. Proef het mengsel en voeg indien nodig meer zout en peper toe.

f) Schep of spuit het gevulde eimengsel in de open eiwitten.

g) Snijd een klein reepje van de gerookte zalm, draai of rol het en plaats het op het gevulde eimengsel. Bestrooi elk devil egg met een snufje van alle kruiden.

h) Herhaal het proces met de resterende eieren en serveer! Geniet van je alles met gerookte zalm-duiveleieren.

38.Vlierbloesem En Gerookte Zalm Canapés

INGREDIËNTEN:
- Minitoastrondjes of crackers
- ¼ kopje vlierbloesemsiroop
- Gerookte zalm
- Roomkaas
- Verse dille

INSTRUCTIES:
a) Verdeel op elke toastronde een laagje roomkaas.
b) Beleg met een klein stukje gerookte zalm.
c) Druppel vlierbloesemsiroop over de zalm.
d) Garneer met verse dille.

39.Knoflookkruid En Zalm Empanadas

INGREDIËNTEN:
- 2 gekoelde taartbodems, zacht geworden
- 6 ons gerookte zalm, in vlokken
- 1 pakje Boursin-kaas met knoflook en kruiden
- ½ kopje zure room
- 1 eetlepel gehakte verse bieslook (optioneel)

INSTRUCTIES:
a) Verwarm uw oven tot 425 ° F. Bekleed een groot bakplaat met bakpapier of spuit het in met kookspray.
b) Haal de taartbodems uit de zakjes en leg ze plat op een werkblad.
c) Snijd elke taartbodem in 4 wigvormige stukken.

MAAK DE ZALM-KAASVULLING:
d) Meng in een kleine kom de gerookte zalm en de Boursin-kaas met knoflook en kruiden tot alles goed gemengd is.

MONTEER DE EMPANADAS:
e) Verdeel ongeveer 2 eetlepels van het zalm- en kaasmengsel gelijkmatig over de helft van elke taartbodemwig, laat een rand van ¼ inch rond de randen vrij.
f) Bestrijk de randen van de taartbodem met water om ze beter af te dichten.
g) Vouw de onaangeroerde helft van het deeg over de vulling en vorm een driehoek. Druk de randen stevig aan om ze af te dichten.

BAK DE EMPANADAS:
h) Plaats de geassembleerde empanadas op de voorbereide bakplaat.
i) Bak in de voorverwarmde oven gedurende 12 tot 17 minuten of tot ze goudbruin zijn.
j) Zodra de empanadas klaar zijn met bakken, haal je ze onmiddellijk van de bakplaat en plaats je ze op een rooster om ongeveer 10 minuten af te koelen.

BEREIDING VAN DE ZURE ROOMDIP:
k) Schep de zure room in een kleine kom.
l) Bestrooi indien gewenst met gehakte verse bieslook.
m) Plaats de kom met zure room in het midden van een serveerschaal.
n) Snij elke warme empanada doormidden zodat er 2 driehoeken ontstaan en plaats deze rond de kom.
o) Geniet van uw heerlijke empanadas met knoflookkruiden en zalm!

40. Zalm En Roomkaas Muffins

INGREDIËNTEN:
- 2 Engelse muffins, gespleten en geroosterd
- 4 eetlepels roomkaas
- 4 plakjes gerookte zalm
- Plakjes rode ui, kappertjes en verse dille als garnering

INSTRUCTIES:
a) Rooster de Engelse muffinhelften.
b) Verdeel 2 eetlepels roomkaas op elke muffinhelft.
c) Beleg met een plakje gerookte zalm.
d) Garneer met plakjes rode ui, kappertjes en verse dille.
e) Koel Serveren.

41. Grapefruit En Gerookte Zalmcrostini

INGREDIËNTEN:
- 1 stokbrood, in plakjes gesneden en geroosterd
- 4 ons gerookte zalm
- 1 grapefruit, gesegmenteerd
- 2 eetlepels roomkaas
- 1 eetlepel gehakte verse dille

INSTRUCTIES:
a) Verdeel de roomkaas over elk sneetje geroosterd stokbrood.
b) Beleg met gerookte zalm en grapefruitpartjes.
c) Bestrooi met verse dille.
d) Serveer onmiddellijk.

42.Gerookte Zalm Gevulde Avocado's

INGREDIËNTEN:
- 4 rijpe avocado's, gehalveerd en ontpit
- 8 ons gerookte zalm, in vlokken
- 1/4 kopje rode ui, fijngehakt
- 1/4 kopje kappertjes, uitgelekt
- 2 eetlepels citroensap
- 2 eetlepels verse dille, gehakt
- Zout en peper naar smaak
- Citroenpartjes, om te serveren

INSTRUCTIES:
a) Schep voorzichtig een deel van het vruchtvlees van de avocado eruit om ruimte te maken voor de vulling, maar laat een rand vrij. Snijd de uitgeholde avocado in stukken en zet opzij.
b) Meng in een kom de gehakte avocado, gerookte zalm, rode ui, kappertjes, citroensap en dille. Breng op smaak met zout en peper.
c) Vul de avocadohelften met het gerookte zalmmengsel. Serveer onmiddellijk met partjes citroen ernaast.

43. Komkommersushi Met Wasabi Microgreens

INGREDIËNTEN:
- ½ Engelse komkommer, in dunne plakjes gesneden
- Een klodder wasabi-roomsaus
- 1 pakje gerookte zalm
- ½ avocado, in dunne plakjes gesneden
- ¼ kopje wasabi-mosterdmicrogreens
- Snufje sesamzaadjes

WASABI ROOMSAUS:
- 2 eetlepels wasabipasta
- ½ kopje veganistische mayonaise

GARNERING:
- Wasabi-roomsaus
- Wasabi mosterd microgroenten
- Sesam zaden

INSTRUCTIES:

a) Snijd je komkommer in dunne reepjes met een dunschiller of mandoline en stapel ze netjes naast elkaar, waarbij je elk plakje een beetje overlapt.
b) Meng wasabi-ingrediënten.
c) Afwerking: Voeg een dun laagje wasabisaus toe aan de komkommer.
d) Voeg de avocadoplakken, gerookte zalm en wasabi microgreens toe. Strooi er wat sesamzaadjes overheen voor extra crunch en smaak.
e) Rol je sushi voorzichtig in een blok.
f) Snijd ze voorzichtig in stukjes en schik ze op een bord.
g) Garneer met extra sesamzaadjes, wasabi-mosterdmicrogreens en wasabi-roomsaus voor een heerlijk en verfrissend broodje met een kick!

44. Daikon Sprout En Gerookte Zalm Sushi Roll

INGREDIËNTEN:
- Nori- bladen
- Sushirijst
- Daikon-spruiten
- Plakjes gerookte zalm
- Avocado, gesneden
- Sojasaus om te dippen

INSTRUCTIES:
a) Leg een vel nori op een bamboe sushimatje.
b) Verdeel een laagje sushirijst over de nori .
c) Schik de daikonspruiten, gerookte zalm en avocado langs één rand.
d) Rol de sushi strak op en snij in hapklare stukken.
e) Serveer met sojasaus.

45. Courgettebootjes met gerookte zalm

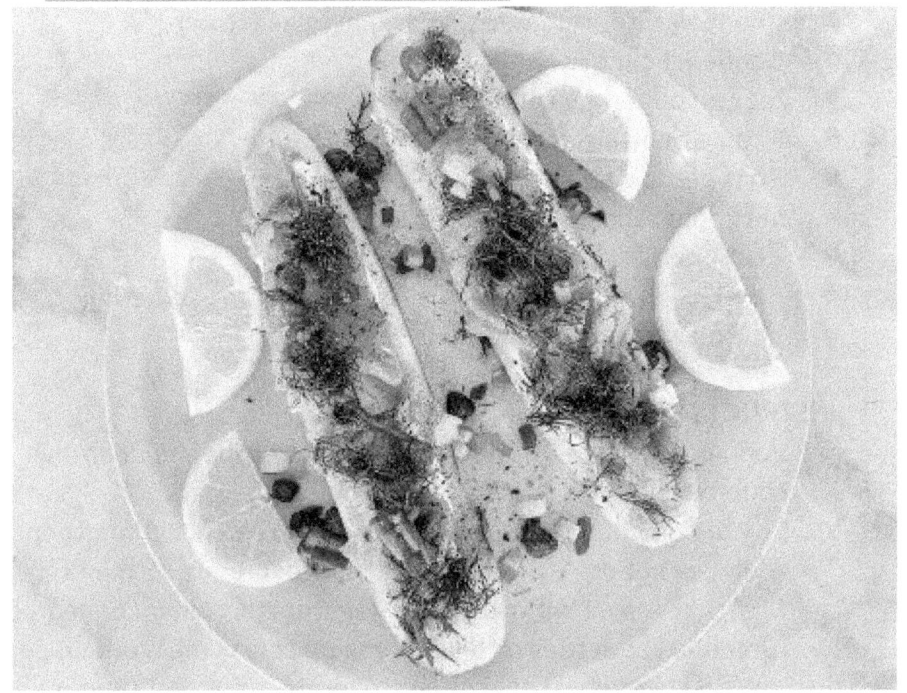

INGREDIËNTEN:
- 4 middelgrote courgettes, in de lengte gehalveerd
- 1 eetlepel olijfolie
- Zout en peper naar smaak
- 1 kopje ricottakaas
- 6 ons gerookte zalm, fijngehakt
- 1/4 kopje zongedroogde tomaten, gehakt
- 2 eetlepels kappertjes, uitgelekt
- 2 eetlepels verse dille, gehakt, plus meer voor garnering
- 1/4 kop geraspte Parmezaanse kaas

INSTRUCTIES:
a) Verwarm de oven voor op 190°C. Schep het midden van elke courgettehelft eruit, zodat er een holte ontstaat.
b) Bestrijk de courgettebootjes met olijfolie en kruid met peper en zout. Leg het op een bakplaat en bak gedurende 15 minuten.
c) Meng in een kom ricottakaas, gerookte zalm, zongedroogde tomaten, kappertjes en dille. Breng op smaak met zout en peper.
d) Vul de voorgebakken courgettebootjes met het zalmmengsel. Strooi Parmezaanse kaas erover.
e) Zet terug in de oven en bak nog eens 15-20 minuten, of totdat de vulling is opgewarmd en de kaas goudbruin is.
f) Garneer voor het serveren met verse dille. Deze courgetteboten bieden een koolhydraatarme, smaakvolle draai aan gevulde groenten.

46. Gerookte Zalm & Roomkaas Pintxo

INGREDIËNTEN:
- 1 stokbrood
- 1 pond koudgerookte zalm (Nova lox) (450 gram)
- 1 pond roomkaas (450 gram)
- 1 citroen, in dunne partjes gesneden
- ½ kopje verse peterselieblaadjes, voor garnering

INSTRUCTIES:

a) Verwarm uw oven voor op 160°C. Snijd het stokbrood in stukjes van een halve centimeter dik en leg ze op een bakplaat. Bak gedurende 6-8 minuten of tot het licht geroosterd is. Zet opzij om af te koelen.

b) Verdeel royaal roomkaas op elk sneetje stokbrood. Snijd de plakjes of zalmfilet in stukken die overeenkomen met de grootte van de sneetjes brood en bestrijk ze met de roomkaas.

c) Serveer de pintxos , gegarneerd met een paar verse peterselieblaadjes en een dun schijfje citroen.

47.Aardappelkoekjes Met Gerookte Zalm Met Mierikswortelroom

INGREDIËNTEN:
- 2 grote aardappelen, geschild en geraspt
- 6 ons gerookte zalm, fijngehakt
- 2 groene uien, fijn gesneden
- 1 ei, losgeklopt
- Zout en peper naar smaak
- Olijfolie, om te frituren
- 1/2 kopje zure room
- 1 eetlepel bereide mierikswortel
- 1 eetlepel verse dille, gehakt

INSTRUCTIES:
a) Knijp de geraspte aardappelen uit in een schone handdoek om overtollig vocht te verwijderen. Meng de aardappelen met gerookte zalm, groene uien, ei, zout en peper in een kom.
b) Verhit olijfolie in een koekenpan. Vorm van het aardappelmengsel kleine pasteitjes en bak ze aan beide kanten goudbruin.
c) Meng zure room met mierikswortel en dille in een kleine kom. Breng op smaak met zout.
d) Serveer de aardappelkoekjes warm met een toefje mierikswortelroom erop.

BROODJES EN WRAPS

48. Gerookte Zalm En Geitenkaas Gegrilde Kaas

INGREDIËNTEN:
- 4 ons gerookte zalm
- 2 ons geitenkaas
- 1 eetlepel gehakte verse dille
- 4 sneetjes brood
- Boter om te smeren

INSTRUCTIES:
a) Beboter één kant van elk sneetje brood.
b) Verdeel geitenkaas op de onbeboterde kant van twee sneetjes brood.
c) Beleg met gerookte zalm en bestrooi met verse dille.
d) Bedek met de overige sneetjes brood (beboterde kant naar boven).
e) Verhit een koekenpan op middelhoog vuur en leg de sandwiches erop.
f) Kook tot het brood goudbruin is en de kaas gesmolten is, draai het halverwege om.
g) Haal van het vuur, snijd doormidden en serveer warm.

49. sandwiches met gerookte zalm en dille

INGREDIËNTEN:
- 12 sneetjes mini-cocktailbrood of vingersandwiches
- 4 ons gerookte zalm
- 4 ons roomkaas, verzacht
- Verse dille, voor garnering
- Citroenpartjes, om te serveren

INSTRUCTIES:
a) Verdeel zachte roomkaas op elk sneetje cocktailbrood.
b) Leg op de helft van de sneetjes brood een plakje gerookte zalm.
c) Garneer met verse dille.
d) Knijp eventueel een beetje citroensap over de zalm.
e) Beleg met de overgebleven sneetjes brood om minisandwiches te maken.
f) Snijd de randen af en snijd ze in kleine driehoeken of vierkanten.

50.Wrap Met Gerookte Zalm En Komkommer

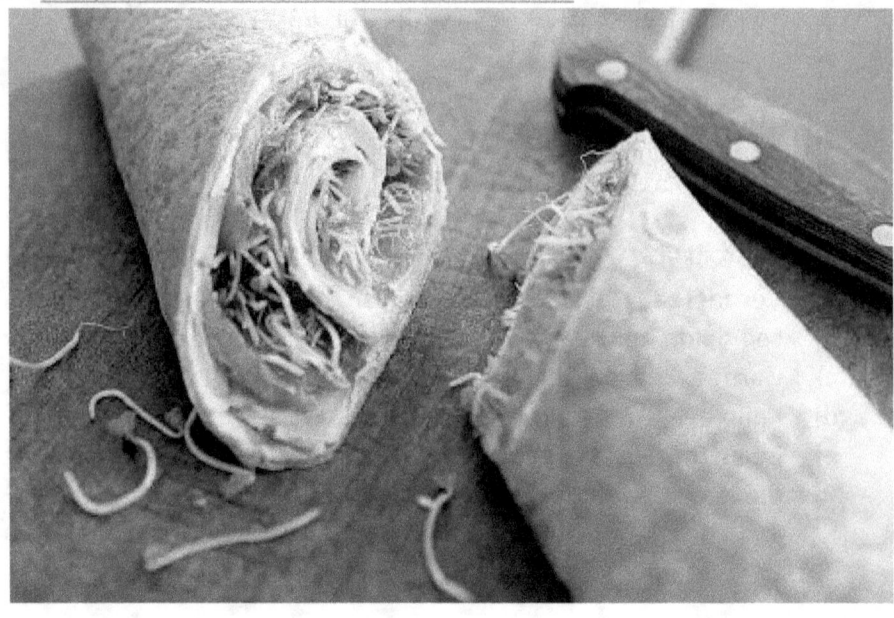

INGREDIËNTEN:
- 2 grote tortilla's of wraps
- 6 ons gerookte zalm
- 4 eetlepels slagroomkaas
- 1/2 komkommer, in dunne plakjes gesneden
- 1/4 kop rode ui, in dunne plakjes gesneden
- 2 eetlepels verse dille, gehakt
- 1 eetlepel citroensap
- Zout en peper naar smaak

INSTRUCTIES:
a) Leg de tortilla's plat op een schoon oppervlak.
b) Verdeel slagroomkaas over elke tortilla.
c) Verdeel de gerookte zalm, plakjes komkommer en rode ui gelijkmatig over de roomkaas.
d) Bestrooi met dille en besprenkel met citroensap. Breng op smaak met zout en peper.
e) Rol de tortilla's strak op en snij ze diagonaal doormidden.
f) Serveer onmiddellijk of wikkel het in bakpapier voor een grab-and-go-optie.

51.Bagelsandwich Met Avocado En Gerookte Zalm

INGREDIËNTEN:
- 2 bagels, gehalveerd en geroosterd
- 4 ons gerookte zalm
- 1 rijpe avocado, gepureerd
- 1 eetlepel citroensap
- 1/4 kopje rucola
- 2 eetlepels rode ui, in dunne plakjes gesneden
- 2 theelepels kappertjes, uitgelekt
- Zout en peper naar smaak

INSTRUCTIES:
a) Meng in een kleine kom de gepureerde avocado met citroensap, zout en peper.
b) Verdeel het avocadomengsel over elke bagelhelft.
c) Leg gerookte zalm, rucola, rode ui en kappertjes op twee van de bagelhelften.
d) Beleg met de resterende bagelhelften, met de avocado-kant naar beneden.
e) Serveer onmiddellijk, eventueel doormidden gesneden.

52.Wrap Met Gerookte Zalm En Spinazie

INGREDIËNTEN:
- 2 grote spinazietortilla's
- 6 ons gerookte zalm
- 4 eetlepels hummus
- 1 kopje babyspinazieblaadjes
- 1/2 rode paprika, in dunne plakjes gesneden
- 1/4 rode ui, in dunne plakjes gesneden
- 1 eetlepel citroensap
- Zout en peper naar smaak

INSTRUCTIES:
a) Verdeel de hummus gelijkmatig over elke tortilla.
b) Leg aan één kant van elke tortilla een laag gerookte zalm, babyspinazie, plakjes paprika en rode ui.
c) Besprenkel met citroensap en breng op smaak met peper en zout.
d) Rol de tortilla's strak op, snij ze doormidden en serveer.

53. Bagelburger met gerookte zalm en komkommer

INGREDIËNTEN:
- 2 bagels, gehalveerd en geroosterd
- 8 ons gerookte zalm, gevormd in 4 pasteitjes
- 1 eetlepel olijfolie
- 4 eetlepels roomkaas
- 1/4 kop ingelegde komkommers, in plakjes gesneden
- 1/4 rode ui, in dunne plakjes gesneden
- Rucolablaadjes, indien nodig
- 1 eetlepel kappertjes, voor garnering
- Citroenpartjes, om te serveren

INSTRUCTIES:
a) Verhit olijfolie in een koekenpan op middelhoog vuur. Kook de gerookte zalmpasteitjes gedurende 2 minuten aan elke kant of tot ze licht goudbruin zijn.
b) Smeer roomkaas op de onderste helft van elke geroosterde bagel.
c) Leg een zalmpasteitje op de roomkaas en leg er ingelegde komkommers, plakjes rode ui en rucola op.
d) Garneer met kappertjes en bedek met de andere helft van de bagel.
e) Serveer onmiddellijk met partjes citroen ernaast.

54. Ciabatta-sandwich met gerookte zalm

INGREDIËNTEN:
- 4 ciabattabroodjes, gespleten en geroosterd
- 8 ons gerookte zalm
- 4 eetlepels pestosaus
- 1 kopje gemengde groenten (bijvoorbeeld rucola, spinazie)
- 1/2 kopje geroosterde rode paprika, in plakjes gesneden
- 1/4 kop fetakaas, verkruimeld
- Olijfolie, om te besprenkelen

INSTRUCTIES:
a) Verdeel de pestosaus over de onderste helft van elk ciabattabroodje.
b) Leg er gerookte zalm, gemengde groenten, geroosterde rode paprika en fetakaas bovenop.
c) Besprenkel met een beetje olijfolie voor extra smaak.
d) Beleg met de andere helft van de ciabattarol en serveer onmiddellijk.

55. Theesandwiches met gerookte zalm en andijvie

INGREDIËNTEN:
- 6 ons roomkaas
- 1 bosui, fijngehakt
- 4 sneetjes zwart brood
- 6 ons gerookte zalm, in dunne plakjes gesneden
- 1 krop andijvie, bladeren gescheiden en gewassen

INSTRUCTIES:
a) Klop in een mengkom de roomkaas met een houten lepel tot hij zacht is.
b) Roer de gehakte lente-uitjes erdoor.
c) Verdeel het roomkaasmengsel in een dunne laag over alle sneetjes brood.
d) Leg gerookte zalm op twee van de sneetjes brood; bestrooi met andijvieblaadjes.
e) Bedek met de overige sneetjes brood en druk zachtjes aan zodat ze blijven plakken.
f) Zet de sandwiches in de koelkast tot ze stevig zijn.
g) Snijd voor het serveren de korstjes eraf zodat er rechthoeken ontstaan en snijd elke sandwich vervolgens in de lengte in vieren.

56.Met Gerookte Zalm En Asperges

INGREDIËNTEN:
- 1 bos asperges
- 4 grote eieren
- 4 grote tortilla's of wraps
- 4 ons gerookte zalm
- 4 eetlepels roomkaas
- Zout en peper naar smaak

INSTRUCTIES:
a) Snijd de harde uiteinden van de asperges af en snijd ze in stukken van 1 inch. Stoom of bak tot ze gaar zijn, ongeveer 5-6 minuten.
b) Klop in een kom de eieren los en breng op smaak met zout en peper.
c) Roer de eieren in een koekenpan op middelhoog vuur tot ze gaar zijn.
d) Verwarm de tortilla's of wraps in een droge koekenpan of magnetron.
e) Verdeel een eetlepel roomkaas op elke tortilla.
f) Leg op elke tortilla een portie roerei, gerookte zalm en gekookte asperges.
g) Rol de tortilla's strak op en stop de zijkanten naar binnen.
h) Snij de wraps diagonaal doormidden en serveer direct.
i) Geniet van je heerlijke aspergeontbijt!

57.Zalm En Eieromslag

INGREDIËNTEN:
- 2 grote Britse leeuweneieren, geslagen
- 1 eetlepel gehakte verse dille of bieslook
- Een snufje zout en versgemalen zwarte peper
- Een scheutje olijfolie
- 2 Eetlepels vetvrije Griekse yoghurt
- Een beetje geraspte schil en een scheutje citroensap
- 40 g gerookte zalm, in reepjes gesneden
- Een handvol waterkers, spinazie en rucolasalade

INSTRUCTIES:
a) Klop in een kom de eieren, kruiden, zout en peper. Verhit een koekenpan met antiaanbaklaag, voeg de olie toe, giet de eieren erin en kook gedurende een minuut of tot het ei bovenop net gestold is.
b) Draai om en bak nog een minuut tot de bodem goudbruin is. Breng over naar een bord om af te koelen.
c) Meng de yoghurt met de citroenschil en het sap en flink wat gemalen zwarte peper. Verdeel de gerookte zalm over de eierwrap, bedek met de bladeren en besprenkel met het yoghurtmengsel.
d) Rol de eierverpakking op en wikkel deze in papier om te serveren.

HOOFDGERECHT

58. Gerookte Zalm En Spinazie Lasagne

INGREDIËNTEN:
- 9 lasagna-noedels
- 8 ons gerookte zalm, in vlokken
- 1 eetlepel olijfolie
- ½ kopje gehakte ui
- 2 teentjes knoflook, fijngehakt
- 4 kopjes verse spinazieblaadjes
- 1 kopje ricottakaas
- ½ kopje geraspte Parmezaanse kaas
- 2 kopjes geraspte mozzarellakaas
- 2 kopjes marinarasaus
- Zout en peper naar smaak

INSTRUCTIES:

a) Verwarm uw oven voor op 190°C (375°F) en vet een ovenschaal van 9 x 13 inch lichtjes in.
b) Kook de lasagne-noedels volgens de instructies op de verpakking. Giet af en zet opzij.
c) Verhit de olijfolie in een grote koekenpan op middelhoog vuur. Voeg de gesnipperde ui en de gehakte knoflook toe en bak tot ze zacht zijn.
d) Voeg de verse spinazieblaadjes toe aan de koekenpan en kook tot ze geslonken zijn. Haal van het vuur en zet opzij.
e) Meng de ricottakaas en geraspte Parmezaanse kaas in een mengkom. Breng op smaak met zout en peper.
f) Verdeel een dunne laag marinarasaus op de bodem van de ovenschaal. Leg er drie lasagna-noedels op.
g) Verdeel de helft van het ricotta-kaasmengsel over de noedels, gevolgd door de helft van de gerookte zalm, gebakken spinazie en geraspte mozzarella.
h) Herhaal de lagen met drie lasagna-noedels, het resterende ricotta-kaasmengsel, de resterende gerookte zalm, gebakken spinazie en geraspte mozzarella.
i) Bestrijk met de resterende drie lasagna-noedels en giet de resterende marinarasaus erover.
j) Strooi er nog wat geraspte Parmezaanse kaas overheen voor extra smaak.
k) Bedek de ovenschaal met folie en bak gedurende 25 minuten.
l) Verwijder de folie en bak nog eens 10 minuten tot de kaas gesmolten en bubbelend is.
m) Laat het een paar minuten afkoelen voordat je het serveert.

59.Gerookte zalm en brie-strudel

INGREDIËNTEN:
- ½ kopje gedroogde gemalen mosterd
- ½ kopje witte kristalsuiker
- ¼ kopje rijstwijnazijn
- ¼ kopje bereide gele mosterd
- 1 eetlepel sesamolie
- 2 eetlepels sojasaus
- 1 ½ theelepel paprikapoeder
- ¼ theelepel cayennepeper
- 3 vellen filodeeg
- ¼ kopje gesmolten boter
- ¼ kopje gehakte verse milde kruiden
- 1 wiel Brie-kaas (8 ons)
- ½ pond gesneden gerookte zalm
- 1 stokbrood, in stukken van ½ inch gesneden en licht geroosterd

INSTRUCTIES:
a) Verwarm de oven voor op 400 graden.
b) Klop in een mengkom gedroogde gemalen mosterd, suiker, rijstwijnazijn, gele mosterd, sesamolie, sojasaus, paprika en cayennepeper samen. Zet het mengsel opzij.
c) Leg de drie stukken filodeeg op een vlakke ondergrond. Bestrijk de uiteinden van het deeg met gesmolten boter.
d) Verdeel een deel van het mosterdmengsel in het midden van het filodeeg. Bestrooi het rondje mosterdmengsel met de gehakte kruiden.
e) Kruid de zalm met peper en zout. Wikkel het wieltje Brie in met de gesneden zalm, zodat de plakjes elkaar overlappen. Verpak de kaas als een pakketje.
f) Plaats de in zalm gewikkelde Brie in het midden van de mosterd-/kruidencirkel. Vouw twee van de uiteinden van het filodeeg naar het midden toe. Vouw de resterende uiteinden naar binnen en vorm een pakket. Sluit volledig af.
g) Leg het deeg op een met bakpapier beklede bakvorm, met de gevouwen randen bovenop het bakpapier.
h) Bestrijk het deeg lichtjes met de overgebleven gesmolten boter.
i) Plaats de pan in de oven en bak tot ze goudbruin zijn, ongeveer 10 tot 12 minuten.
j) Haal uit de oven en laat iets afkoelen voordat je het aansnijdt. Serveer op croutes met de overgebleven mosterdsaus.
k) Geniet van uw heerlijke gerookte zalm en brie-strudel!

60. Soufflétaart van gerookte zalm

INGREDIËNTEN:
- ½ pakje zanddeeg van 375 gram
- 50 g gewone bloem, plus extra om te bestuiven
- 50 g boter
- 300 ml melk
- 3 grote eieren, gescheiden
- schil ½ citroen
- 1 eetlepel gehakte dille, plus een beetje extra
- Pakje gerookte zalmschijfjes van 100 gram
- Pakje kruimelige geitenkaas van 150 gram, in blokjes

INSTRUCTIES:
a) Verwarm de oven tot 200C.
b) Rol het deeg uit op een met bloem bestoven oppervlak en bekleed hiermee een taartvorm van 22 cm, waarbij het overtollige deeg over de rand moet blijven hangen.
c) Bekleed met bakpapier en bakbonen en bak blind gedurende 15 minuten .
d) Verwijder het papier en bak nog 10 minuten.
e) Doe de boter, de bloem en de melk in een pan. Verhit, onder voortdurend roeren, tot er een zeer dikke, gladde saus ontstaat. Roer de eierdooiers, citroenschil, dille en kruiden erdoor.
f) Klop de eiwitten in een schone kom met een elektrische handklopper tot ze hun vorm behouden en spatel ze voorzichtig door de saus.
g) Scheur de plakjes zalm in grote stukken en verdeel de helft over de bodem van de taart met de helft van de geitenkaas.
h) Schep de soufflésaus erover en verdeel de overgebleven zalm en kaas erover met wat extra dille en zwarte peper.
i) Bak gedurende 25-30 minuten tot het opgeblazen en goudbruin is. Snijd de randen van het deeg af.
j) Transporteren nog in het blik, of op een serveerbord, omwikkeld met folie.

61. Ravioli Met Gerookte Zalm En Roomkaas

INGREDIËNTEN:
- 1 pakje ravioliverpakkingen
- 4 ons gerookte zalm
- 4 eetlepels roomkaas
- 2 eetlepels verse dille, gehakt
- Schil van 1 citroen
- Zout en peper naar smaak

INSTRUCTIES:
a) Meng in een kom de roomkaas, gehakte verse dille, citroenschil, zout en peper.
b) Schep een lepel van het roomkaasmengsel op een raviolivelletje.
c) Beleg het roomkaasmengsel met een stukje gerookte zalm.
d) Vouw de ravioliverpakking om en druk de randen goed aan.
e) Herhaal het proces met de resterende wikkels en vulling.
f) Kook de ravioli volgens de instructies op de verpakking of tot ze naar de oppervlakte drijven.
g) Serveer de ontbijtravioli met gerookte zalm en roomkaas met extra dille en citroenschil ter garnering.

62.Ravioli Van Gerookte Zalm Met Geroosterde Ui

INGREDIËNTEN:
- 2 kopjes Ricotta-kaas
- 16 ons gesneden gerookte zalm
- ¼ kopje gesneden lente-uitjes
- ⅛ kopje Julienne zongedroogde tomaten
- ⅛ kopje extra vierge olijfolie
- 1 eetlepel gehakte knoflook
- 12 3x3 verse pastavellen
- 1 kopje grof maïsmeel
- 2 Eieren geslagen
- 4 middelgrote gele uien
- 1 eetlepel Canola-olie
- 2 kopjes in blokjes gesneden venkel
- 6 zwarte peperkorrels
- 2 verse laurierblaadjes
- 2 Kruidnagelen
- ½ theelepel Rushed Chili Flakes
- 2 teentjes hele geplette knoflook
- ¼ kopje hele geroosterde venkelzaadjes
- 2 kopjes witte wijn
- 2 liter zware room
- 24 Rijp; Roma, (pruim)tomaten
- Extra vergine olijfolie
- Zout peper
- Perkament
- 1 kopje ontpitte Calamata -olijven
- ½ ounce gehakte ansjovisfilets
- 1 ounce grote kappertjes
- ½ kopje gehakte platte peterselie
- 1 ons gehakte knoflook
- 2 kopjes in blokjes gesneden ovengedroogde tomaten
- 2 kopjes extra vergine olijfolie
- 2 citroenen; (Schil van)

INSTRUCTIES:
RAVIOLI-VULLING:
a) Giet de ricotta af, vrij van vloeistof. Snijd de gerookte zalm in blokjes van 2,5 cm. Combineer alle ingrediënten en meng goed. Breng op smaak met zout en peper. Zet opzij.

RAVIOLI:
b) Leg de pastavellen op een schoon, vlak oppervlak en vul één kant met 3 ons zalmvulling. Bestrijk de randen van de pasta met een kleine hoeveelheid losgeklopt ei, zodat de pasta goed dicht blijft zitten. Leg het 2e pastavel op het gevulde vel en druk de randen stevig aan.

c) Leg ze op een vlakke pan, bekleed met bakpapier en strooi maïsmeel op het papier. Dit voorkomt dat ravioli aan het oppervlak blijft plakken.

d) Plaats de ravioli in de koeler om af te koelen voordat u ze blancheert. (1 uur) Geroosterde ui en venkelcrème: Rooster 4 middelgrote gele uien in een oven van 400 graden tot ze licht gekaramelliseerd zijn. Zet opzij en laat afkoelen, en dobbel dan 1".

e) Meng in een middelgrote sauspan de in blokjes gesneden geroosterde uien, venkel, canola-olie en alle bovenstaande ingrediënten en kook op middelhoog vuur gedurende ongeveer 1 minuut. Voeg de witte wijn toe, laat deze tot de helft inkoken en voeg dan zware slagroom toe. Laat sudderen tot ⅓ is ingekookt. Giet door een fijnmazige chinois en breng op smaak met peper en zout.

OVENDROOGTOMATENTAPENADE

f) In de oven gedroogde tomaten: Bestrijk een vlakke pan, bekleed met bakpapier, met olijfolie en snijd de tomaten in de lengte doormidden. Knijp de zaadjes lichtjes uit elke helft en zorg ervoor dat je het binnenste tomatenpulp niet verwijdert.
g) Plaats de tomatenhelften op de geoliede bakvorm (buitenkant naar beneden, binnenkant naar boven) en besprenkel met olijfolie, zout en peper.
h) Rooster in een oven van 200 graden gedurende ongeveer 2 uur of tot de tomaten zijn gecondenseerd en dieprood zijn.
i) Laten afkoelen.

TAPENADE:

j) Combineer alle ingrediënten in een keukenmachine en verwerk totdat het mengsel een smeerbare consistentie vormt.

PRESENTATIE:

k) Spiegelbord met geroosterde uien-venkel. Blancheer de ravioli en schep om met venkelcrème. Plaats de ravioli in het midden van het bord en bestrijk met de ovengedroogde tomatentapenade.
l) Garneer met een venkeltakje en citroenschil.

63. Kommen Met Gerookte Zalm En Soba-noedels

INGREDIËNTEN:
- 4 eetlepels (60 ml) tamari
- 1 eetlepel (15 ml) rijstazijn
- 1 eetlepel (6 g) vers geraspte gember
- 1 theelepel (5 ml) geroosterde sesamolie
- ½ theelepel honing
- 6 ons (168 g) droge boekweitsoba noedels
- 1 kopje (120 g) gepelde edamame
- 4 ons (115 g) in dunne plakjes gesneden gerookte zalm
- 1 middelgrote pitloze komkommer, geschild en in julienne gesneden
- 1 avocado, geschild, ontpit en in dunne plakjes gesneden
- Geraspte nori
- Rode pepervlokken

INSTRUCTIES:
a) Klop de tamari, rijstazijn, gember, sesamolie en honing samen in een kleine kom; opzij zetten.
b) Breng een grote pan met gezouten water aan de kook. Kook de sobanoedels volgens de instructies op de verpakking. Giet de noedels af en spoel ze grondig af met koud water. Roer de saus nog een keer door elkaar en meng de noedels met 1 eetlepel (15 ml) saus.
c) Verdeel de soba-noedels over kommen om te serveren. Beleg met edamame, gerookte zalm, komkommer en avocado. Besprenkel met de saus en bestrooi met nori en rode pepervlokken.

64. Pasta met gerookte zalm

INGREDIËNTEN:
- 16 oz. Penne pasta
- ¼ kopje boter
- 1 kleine, gesnipperde ui
- 3 fijngehakte teentjes knoflook
- 3 eetlepels bloem
- 2 kopjes lichte crème
- ½ kopje witte wijn
- 1 Eetlepels citroensap
- ½ kopje geraspte Romano-kaas
- 1 kop gesneden champignons
- ¾ pond gehakte gerookte zalm

INSTRUCTIES:
a) Kook de pasta in een pan met gezouten water gedurende 10 minuten. Droogleggen.
b) Smelt de boter in een koekenpan en fruit de ui en knoflook 5 minuten.
c) Roer de bloem door het botermengsel en blijf 2 minuten roeren.
d) Voeg voorzichtig de lichte room toe.
e) Breng de vloeistof net onder het kookpunt.
f) Roer de kaas erdoor en blijf roeren tot het mengsel glad is, ongeveer 3 minuten.
g) Voeg de champignons toe en laat 5 minuten koken.
h) Doe de zalm in de koekenpan en kook gedurende 3 minuten.
i) Serveer het zalmmengsel over de pennepasta.

65. Gerookte Zalmquiche Met Dille En Prei

INGREDIËNTEN:
- 1 taartbodem (gekocht of zelfgemaakt)
- 1 eetlepel olijfolie
- 1 prei, alleen de witte en lichtgroene delen, in dunne plakjes gesneden
- 6 ons gerookte zalm, gehakt
- 4 grote eieren
- 1 kopje zware room
- 1/2 kopje melk
- 2 eetlepels verse dille, gehakt
- 1 kopje geraspte Gruyère-kaas
- Zout en peper naar smaak

INSTRUCTIES:
a) Verwarm uw oven voor op 190°C. Plaats de taartbodem in een taartvorm van 9 inch, krimp de randen en prik met een vork in de bodem. Bak de bodem 10 minuten voor.
b) Verhit olijfolie in een koekenpan op middelhoog vuur. Voeg de gesneden prei toe en bak tot hij zacht is, ongeveer 5 minuten. Laat het afkoelen.
c) Klop in een grote kom de eieren, slagroom, melk, dille, zout en peper door elkaar. Roer de afgekoelde prei, gerookte zalm en Gruyèrekaas erdoor.
d) Giet de vulling in de voorgebakken korst. Bak gedurende 35-40 minuten of tot de quiche gaar is en de bovenkant goudbruin is.
e) Laat het iets afkoelen voordat je het serveert. Dit gerecht combineert prachtig met een frisse salade.

66. Risotto Van Gerookte Zalm En Asperges

INGREDIËNTEN:

- 1 eetlepel olijfolie
- 1 kleine ui, fijngehakt
- 2 kopjes Arboriorijst
- 1/2 kopje witte wijn
- 4-5 kopjes groentebouillon, opgewarmd
- 1 bos asperges, bijgesneden en in stukken van 1 inch gesneden
- 6 ons gerookte zalm, gehakt
- 1/2 kopje geraspte Parmezaanse kaas
- 2 eetlepels verse dille, gehakt
- Zout en peper naar smaak
- Citroenpartjes, om te serveren

INSTRUCTIES:

a) Verhit olijfolie in een grote pan op middelhoog vuur. Voeg de ui toe en bak tot ze zacht is.
b) Voeg Arborio-rijst toe, roer tot het bedekt is met olie. Giet de wijn erbij en roer tot deze is opgenomen.
c) Voeg de groentebouillon toe, pollepel per keer, onder voortdurend roeren tot de vloeistof is opgenomen voordat u er meer toevoegt. Voeg halverwege de asperges toe.
d) Als de rijst romig en zacht is, roer je de gerookte zalm, Parmezaanse kaas en dille erdoor. Breng op smaak met zout en peper.
e) Serveer onmiddellijk met partjes citroen ernaast voor extra pit.

67. Romige gerookte zalm en champignonfettuccine

INGREDIËNTEN:
- 8 ons fettuccinepasta
- 1 eetlepel olijfolie
- 1 kleine ui, fijngehakt
- 2 teentjes knoflook, fijngehakt
- 8 ons champignons, in plakjes gesneden
- 6 ons gerookte zalm, in reepjes gesneden
- 1 kopje zware room
- 1/2 kopje geraspte Parmezaanse kaas
- 2 eetlepels verse peterselie, gehakt
- Zout en peper naar smaak

INSTRUCTIES:

a) Kook de fettuccine volgens de instructies op de verpakking; laat uitlekken en zet opzij.

b) Verhit olijfolie in een grote koekenpan op middelhoog vuur. Voeg ui en knoflook toe en bak tot ze zacht zijn.

c) Voeg de champignons toe aan de koekenpan en kook tot ze hun vocht vrijgeven en goudbruin worden.

d) Zet het vuur lager en roer de gerookte zalm, slagroom en Parmezaanse kaas erdoor. Kook tot de saus iets dikker wordt.

e) Meng de gekookte fettuccine door de saus en breng op smaak met zout en peper.

f) Garneer voor het serveren met verse peterselie. Geniet van een romig en geruststellend pastagerecht dat zeker zal bevallen.

RIJST- EN NOEDELKOMMEN

68. Sushikom Met Gerookte Zalm En Asperges

INGREDIËNTEN:
- 1 pond gerookte zalm, in vlokken
- ¼ kopje sojasaus
- 2 eetlepels mirin
- 1 eetlepel ingelegde gember, fijngehakt
- 1 bos asperges, geblancheerd en in plakjes gesneden
- 1 kop kerstomaatjes, gehalveerd
- 2 kopjes Traditionele Sushirijst, gekookt
- Citroenpartjes ter garnering

INSTRUCTIES:
a) Meng de sojasaus, mirin en fijngehakte ingelegde gember voor de marinade.
b) Meng de gerookte zalm door de marinade en zet 15-20 minuten in de koelkast.
c) Maak kommen met gekookte traditionele sushirijst als basis.
d) Beleg met gemarineerde gerookte zalm, gesneden asperges en kerstomaatjes.
e) Garneer met partjes citroen en serveer.

69. Zalm Avocado Kip Sushi Bowl

INGREDIËNTEN:
- 1 kop sushirijst, gekookt
- 1 kopje gegrilde kip, versnipperd
- ½ kopje gerookte zalm, in vlokken
- 1 avocado, in plakjes gesneden
- ¼ kopje komkommer, in blokjes gesneden
- Wasabi-mayo om te besprenkelen
- Sesamzaadjes ter garnering

INSTRUCTIES:
a) Verdeel de gekookte sushirijst in een kom.
b) Leg de geraspte gegrilde kip en de gerookte zalmvlokken erop.
c) Voeg gesneden avocado en in blokjes gesneden komkommer toe.
d) Besprenkel met wasabi-mayo.
e) Garneer met sesamzaadjes.
f) Serveer en geniet van de combinatie van zalm-, kip- en avocadosmaken!

70. Gedeconstrueerde Philly Roll Sushi Bowl

INGREDIËNTEN:
- 1 kop sushirijst, gekookt
- ½ kopje gerookte zalm, in plakjes gesneden
- ¼ kopje roomkaas, verzacht
- ¼ kopje komkommer, in julienne gesneden
- ¼ kopje rode ui, in dunne plakjes gesneden
- Alles bagelkruiden voor topping
- Kappertjes voor garnering

INSTRUCTIES:
a) Verdeel de gekookte sushirijst in een kom.
b) Schik de gesneden gerookte zalm, zachte roomkaas, julienne komkommer en in dunne plakjes gesneden rode ui erop.
c) Strooi alles bagelkruiden voor de topping.
d) Garneer met kappertjes.
e) Geniet van de gedeconstrueerde Philly Roll-sushikom!

71.Gemakkelijk gebakken rijst ontbijtkom

INGREDIËNTEN:
- 1 eetlepel olijfolie of kokosolie
- 1 kopje gemengde paddenstoelen (zoals shiitake, oester en enoki), schoongemaakt en grof gesneden
- 1 bosje lente-uitjes (witte en groene delen), gehakt
- 1 eetlepel geraspte verse gember, plus meer voor serveren
- 5 ons babyspinazie
- 1 eetlepel water
- 2 kopjes gekookte rijst of quinoa
- 4 plakjes gerookte zalm, in reepjes gesneden
- 1 theelepel geroosterde sesamolie
- 1 theelepel tamari- of sojasaus

INSTRUCTIES:
a) Verhit een koekenpan van 10 inch op middelhoog vuur en voeg de olie toe.
b) Voeg de gehakte champignons, lente-uitjes en gember toe aan de pan en bak tot ze zacht en geurig zijn, ongeveer 2 minuten.
c) Voeg de spinazie toe aan de pan, samen met het water. Dek af tot de spinazie geslonken is, ongeveer 2 minuten. Goed roeren.
d) Voeg de rijst, zalm, sesamolie en tamari toe. Roer om te combineren en verwarm door.
e) Verdeel in gelijke porties in vier kommen. Voeg eventueel nog een beetje vers geraspte gember toe.

72.Alfalfaspruit en zalmsushikom

INGREDIËNTEN:
- 1 kopje gekookte sushirijst
- 1 kopje alfalfaspruiten
- 4 ons gerookte zalm, in plakjes gesneden
- 1/2 avocado, in plakjes gesneden
- 1/4 kopje ingelegde gember
- 2 eetlepels sojasaus
- Sesamzaadjes ter garnering

INSTRUCTIES:
a) Doe de sushirijst in een kom.
b) Verdeel de alfalfaspruiten, gerookte zalm en plakjes avocado erover.
c) Besprenkel met sojasaus en garneer met ingelegde gember en sesamzaadjes.
d) Meng voorzichtig voordat je geniet van je gedeconstrueerde sushikom.

73.Kommen Met Gerookte Zalm En Soba-noedels

INGREDIËNTEN:
- 4 eetlepels (60 ml) tamari
- 1 eetlepel (15 ml) rijstazijn
- 1 eetlepel (6 g) vers geraspte gember
- 1 theelepel (5 ml) geroosterde sesamolie
- ½ theelepel honing
- 6 ons (168 g) droge boekweitsoba
- noedels
- 1 kopje (120 g) gepelde edamame
- 4 ons (115 g) in dunne plakjes gesneden gerookte zalm
- 1 middelgrote pitloze komkommer, geschild en in julienne gesneden
- 1 avocado, geschild, ontpit en in dunne plakjes gesneden
- Geraspte nori
- Rode pepervlokken

INSTRUCTIES:
a) Klop de tamari, rijstazijn, gember, sesamolie en honing samen in een kleine kom; opzij zetten.
b) Breng een grote pan met gezouten water aan de kook. Kook de sobanoedels volgens de instructies op de verpakking. Giet de noedels af en spoel ze grondig af met koud water. Roer de saus nog een keer door elkaar en meng de noedels met 1 eetlepel (15 ml) saus.
c) Verdeel de soba-noedels over kommen om te serveren. Beleg met edamame, gerookte zalm, komkommer en avocado.
d) Besprenkel met de saus en bestrooi met nori en rode pepervlokken.

74. Rijstkom met teriyaki zalm

INGREDIËNTEN:
- 2 kopjes gekookte bruine rijst
- 6 ons gerookte zalm, in reepjes gesneden
- 1 kopje broccoliroosjes, gestoomd
- 1 wortel, julienne gesneden
- 1/2 rode paprika, in dunne plakjes gesneden
- Sesamzaad, voor garnering

VOOR DE TERIYAKISAUS:
- 1/4 kop sojasaus
- 2 eetlepels honing
- 1 teentje knoflook, fijngehakt
- 1 theelepel gember, geraspt
- 1 eetlepel maizena opgelost in 2 eetlepels water

INSTRUCTIES:
a) Bereid de teriyakisaus door sojasaus, honing, knoflook en gember te combineren in een kleine pan op middelhoog vuur. Voeg het maizenamengsel toe en roer tot de saus dikker wordt. Haal van het vuur.
b) Verdeel de gekookte bruine rijst over kommen. Beleg met gerookte zalm, gestoomde broccoli, julienne wortel en plakjes rode paprika.
c) Sprenkel de teriyakisaus over elke kom en bestrooi met sesamzaadjes. Deze bowl combineert de rijke smaken van teriyaki met de rokerige smaak van zalm voor een heerlijke maaltijd.

75. Thaise noedelkom met gerookte zalm

INGREDIËNTEN:
- 8 ons rijstnoedels, gekookt
- 6 ons gerookte zalm, in plakjes gesneden
- 1 kopje paarse kool, versnipperd
- 1/2 kop wortelen, in julienne gesneden
- 1/2 kopje komkommer, in plakjes gesneden
- 1/4 kopje verse koriander, gehakt
- 1/4 kopje pinda's, gemalen

VOOR DE THAISE PINDASAUS:
- 2 eetlepels pindakaas
- 1 eetlepel sojasaus
- 1 eetlepel limoensap
- 1 theelepel honing
- 1 theelepel gember, geraspt
- Water te verdunnen, indien nodig

INSTRUCTIES:
a) Bereid de Thaise pindasaus door pindakaas, sojasaus, limoensap, honing en gember in een kom te kloppen. Voeg indien nodig water toe om een gietbare consistentie te verkrijgen.
b) Verdeel de gekookte rijstnoedels, gerookte zalm, geraspte kool, in julienne gesneden wortelen, gesneden komkommer en gehakte koriander in serveerschalen.
c) Sprenkel de Thaise pindasaus over de kommen en bestrooi met gemalen pinda's. Deze noedelkom biedt een verfrissende en pittige smaak met een heerlijke combinatie van texturen.

76.Saladekom Met Gerookte Zalm En Wilde Rijst

INGREDIËNTEN:
- 1 kop wilde rijst, gekookt en gekoeld
- 6 ons gerookte zalm, in vlokken
- 1/2 kopje gedroogde veenbessen
- 1/2 kopje gesneden amandelen, geroosterd
- 1/2 kopje groene uien, gehakt

VOOR DE CITROENVINAIGRETTE:
- 1/4 kop olijfolie
- 2 eetlepels citroensap
- 1 theelepel honing
- Zout en peper naar smaak

INSTRUCTIES:

a) Meng in een grote kom de gekoelde wilde rijst, gerookte zalm, gedroogde veenbessen, gesneden amandelen en groene uien.

b) Maak de citroenvinaigrette door olijfolie, citroensap, honing, zout en peper door elkaar te kloppen.

c) Giet de vinaigrette over de rijstsalade en meng door elkaar. Serveer de slakom gekoeld of op kamertemperatuur voor een lichte, voedzame maaltijd met een zoet en pittig smaakprofiel.

SALADES

77. Gerookte Zalm, Komkommer En Pastasalade

INGREDIËNTEN:
- 3 ons Dunne spaghetti; koken red
- ½ Komkommer; in vieren/gesneden
- 3 groot Takjes verse dille
- 1 kopje Blad sla; gescheurde hapgrootte
- 1 Of 2 groene uien waarvan een deel van de bovenkant is gesneden
- 3 ons Gerookte zalm; gevlokt
- ¼ kopje Vetvrije of magere zure room
- 2 eetlepels Vetvrije yoghurt
- 1 eetlepel Citroensap
- 1 Tomaat; in wiggen
- Takjes verse peterselie

INSTRUCTIES:
a) Kook pasta in kokend gezouten water. Meng ondertussen de rest van de salade-ingrediënten in een middelgrote kom en bewaar een paar zalmvlokken om als garnering te gebruiken. Meng de ingrediënten voor de dressing in een kleine kom.
b) Meng de afgekoelde pasta met de rest van de salade-ingrediënten. Voeg de dressing toe en roer lichtjes om te mengen. Garneer met achtergehouden zalmvlokken, tomaten en peterselie. Chill.
c) Haal het 10 minuten voor het serveren uit de koelkast.

78.Pasta En Gerookte Zalmsalade

INGREDIËNTEN:
- ¾ pond gerookte zalm in reepjes gesneden
- 2 kwart Water
- ¾ pond Linguini of spaghetti; droog
- 2 eetlepels witte azijn
- ½ kopje Ui; fijn gesneden
- 1 kopje Slagroom
- ¾ kopje Droge witte wijn
- 1 eetlepel Dijon mosterd
- ¼ kopje Geraspte parmezaanse kaas
- ½ kopje Takjes verse peterselie

INSTRUCTIES:
a) Breng water aan de kook, kook de pasta gaar; droogleggen.
b) Terwijl de pasta kookt, kook je de azijn met de ui in een koekenpan op hoog vuur tot de azijn verdampt, ongeveer 2 minuten. Voeg room, wijn en mosterd toe. Kook, onafgedekt, vaak roerend, tot de saus is teruggebracht tot 1-¾ kopjes.
c) Voeg hete uitgelekte pasta toe; til ze op met vorken om ze met saus te bedekken.
d) Verdeel de pasta en saus gelijkmatig over 4 borden; bestrooi elk met Parmezaanse kaas. Schik de zalm naast elke portie pasta en garneer met peterselie. Breng op smaak met zout en peper.

79. Salade Van Gerookte Zalm En Rode Bieten

INGREDIËNTEN:
- 4 kopjes gemengde saladegroenten
- 2 middelgrote bieten, geroosterd, geschild en in plakjes gesneden
- 6 ons gerookte zalm, in plakjes gesneden
- 1/2 kop geitenkaas, verkruimeld
- 1/4 kop walnoten, geroosterd en gehakt
- 2 eetlepels verse dille, gehakt

VOOR DE DRESSING:
- 3 eetlepels olijfolie
- 1 eetlepel balsamicoazijn
- 1 theelepel honing
- 1 theelepel Dijon-mosterd
- Zout en peper naar smaak

INSTRUCTIES:

a) Meng de groene salade en de gesneden rode biet in een grote kom.

b) Meng de olijfolie, balsamicoazijn, honing, Dijon-mosterd, zout en peper in een kleine kom om de dressing te maken.

c) Schik de groene salades en de rode biet op borden. Beleg met plakjes gerookte zalm, verkruimelde geitenkaas en geroosterde walnoten.

d) Druppel de dressing over de salades en garneer met verse dille.

e) Serveer onmiddellijk voor een verfrissende en voedzame maaltijd.

80. Pastasalade Met Zalm En Courgette

INGREDIËNTEN:
- 700 gram pasta (welke soort dan ook)
- 500 gram gerookte zalm
- 500 gram Gekookte courgette in plakjes
- 200 milliliter Olijfolie
- 70 gram Peterselie
- 50 milliliter Citroensap
- Zout en peper

INSTRUCTIES:
a) Snij de zalm in blokjes. Kook de pasta al dente en laat hem koud staan.
b) Meng ze allemaal door elkaar.

81.Salade van gerookte zalm Nicoise

INGREDIËNTEN:
- Eén kopje wortel
- Half kopje verse tijm
- Eén kopje gerookte zalm
- Halve theelepel gerookte paprika
- Twee eetlepels gehakte knoflook
- Half kopje gehakte selderij
- Twee eetlepels olijfolie
- Twee eetlepels honing
- Geitenkaas, één kopje
- Dijon-mosterd, half kopje

INSTRUCTIES:
a) Neem een grote kom.
b) Voeg alle ingrediënten toe in een kom.
c) Meng alle ingrediënten goed tot een homogeen mengsel.
d) Meng de salade om er zeker van te zijn dat alles goed gemengd is.

82. Wortel En Gerookte Zalmsalade

INGREDIËNTEN:
- 2 pond wortels met groen eraan, verdeeld, ¼ kopje groen gehakt
- 5 eetlepels ciderazijn, verdeeld
- 1 eetlepel suiker
- ⅛ theelepel plus ¾ theelepel tafelzout verdeeld
- ¼ kopje extra vergine olijfolie, verdeeld
- ¼ theelepel peper
- 1 rode grapefruit
- 2 eetlepels gehakte verse dille
- 2 theelepels Dijon-mosterd
- 2 koppen Belgisch witlof (elk 100 gram), gehalveerd, klokhuis verwijderd en in plakjes van ½ inch dik gesneden
- 8 ons gerookte zalm

INSTRUCTIES:

a) Zet het ovenrek op de laagste stand en verwarm de oven voor op 450 graden. Schil en scheer 100 gram wortelen in dunne linten met een dunschiller; opzij zetten. Schil de resterende wortels en snijd ze in plakjes van ¼ inch dik; opzij zetten.

b) Magnetron ¼ kopje azijn, suiker en ⅛ theelepel zout in een kom tot het kookt, 1 tot 2 minuten. Roer de geschoren wortels erdoor en laat 45 minuten staan, af en toe roeren. (Uitgelekte ingelegde wortelen kunnen maximaal 5 dagen in de koelkast worden bewaard.)

c) Meng de gesneden wortelen met 1 eetlepel olie, peper en ½ theelepel zout in een kom en spreid ze vervolgens in een enkele laag uit op een omrande bakplaat, met de snijzijde naar beneden. Rooster tot ze zacht zijn en de bodems goed bruin zijn, 15 tot 25 minuten. Laat iets afkoelen, ongeveer 15 minuten.

d) Snijd ondertussen de schil en het merg van de grapefruit weg. Snijd de grapefruit in vieren en snijd vervolgens kruislings in stukjes van ¼ inch dik.

e) Klop dille, mosterd, resterende 1 eetlepel azijn en resterende ¼ theelepel zout samen in een grote kom. Terwijl u voortdurend blijft kloppen, druppelt u langzaam de resterende 3 eetlepels olie erdoor tot het geëmulgeerd is.

f) Voeg andijvie, wortelgroen, geroosterde wortelen, ingelegde wortelen en grapefruit toe en meng om te combineren; breng op smaak met peper en zout.

g) Schik de zalm rond de rand van de serveerschaal en breng de salade over naar het midden van de schaal. Dienen.

83.Gerookte Zalm Gevuld Met Russische Salade

INGREDIËNTEN:
- 300 g gerookte zalm
- 2 of 3 aardappelen
- 2 wortels
- 100 g diepvrieserwten
- 100 g sperziebonen
- 3 eieren
- 200 ml zachte olijfolie
- ½ citroen
- Zout en peper
- 8 blaadjes Romeinse sla
- Bieslook

INSTRUCTIES:
a) Kook de groenten uit de salade. Schil de wortels en de aardappelen, was ze en snijd ze in blokjes. Was de sperziebonen, stomp ze af en hak ze fijn.
b) Kook de wortels in ruim water met zout gedurende 15 minuten. Voeg de aardappelen toe en kook ze nog 7 minuten.
c) Voeg de sperziebonen toe en kook nog eens 3 minuten. Voeg ten slotte de erwten toe, kook nog 5 minuten en laat alle groenten uitlekken.
d) Kook de eieren en maak de mayonaise. Kook enerzijds 2 eieren 10 minuten in zout water. Verfris ze, pel ze en hak ze fijn. En aan de andere kant: klop het overgebleven ei los met het sap van een halve citroen, zout en peper, voeg dan de olie toe, in een draad en klop tot je een dikke mayonaise krijgt.
e) Maak de salade en vul de zalm. Meng eerst de gekookte groenten en de gehakte hardgekookte eieren met de mayonaise. En roer tot ze goed zijn opgenomen. Verdeel vervolgens de salade over de plakjes zalm en rol ze op.
f) Zet het bord in elkaar en serveer. Was ten slotte de sla en laat deze uitlekken. Snijd het in julienne en verdeel het in 4 borden. Verdeel de rolletjes erover en serveer ze bestrooid met de gehakte bieslook.

84. Pastasalade Met Gerookte Zalm En Dille

INGREDIËNTEN:
- 2 kopjes rotini-pasta, gekookt en gekoeld
- 4 oz gerookte zalm, gehakt
- 1/2 kopje komkommer, in blokjes gesneden
- 1/4 kopje rode ui, fijngehakt
- 2 eetlepels kappertjes
- 1/4 kopje verse dille, gehakt
- 1/3 kop gewone Griekse yoghurt
- Sap van 1 citroen
- Zout en peper naar smaak

INSTRUCTIES:

a) Meng de pasta, gerookte zalm, komkommer, rode ui, kappertjes en dille in een grote kom.
b) Meng in een kleine kom Griekse yoghurt en citroensap.
c) Giet het yoghurtmengsel over de pasta en roer tot alles bedekt is.
d) Breng op smaak met zout en peper.
e) Zet minimaal 1 uur in de koelkast voordat u het serveert.

85.Linzen En Gerookte Zalm Niçoise Kommen

INGREDIËNTEN:
- ¾ kopje (144 g) Franse linzen
- Kosjer zout en versgemalen zwarte peper
- 8 jonge aardappelen, in de lengte gehalveerd
- 2 eetlepels (30 ml) avocado- of extra vergine olijfolie, verdeeld
- 1 sjalot, in blokjes gesneden
- 168 g sperziebonen, bijgesneden
- 2 verpakte kopjes (40 g) rucola
- 1 kop (150 g) druiventomaten, gehalveerd
- 8 radijsjes, in vieren
- 1 bol venkel, schoongemaakt en in dunne plakjes gesneden
- 4 hardgekookte eieren, gehalveerd
- 4 ons (115 g) in dunne plakjes gesneden gerookte zalm
- 1 recept Witte wijn-citroenvinaigrette

INSTRUCTIES:
a) Verwarm de oven voor op 220°C (of gasstand 7).
b) Voeg de linzen en een flinke snuf zout toe aan een middelgrote pan en zet het water minimaal 5 cm onder water. Breng aan de kook, zet het vuur laag en laat het ongeveer 25 minuten zachtjes koken. Giet het overtollige water af.
c) Meng de aardappelen met 1 eetlepel (15 ml) olie, zout en peper. Schik in een enkele laag op een omrande bakplaat. Rooster tot ze gaar en lichtbruin zijn, ongeveer 20 minuten. Opzij zetten.
d) Verhit ondertussen de resterende 1 eetlepel (15 ml) olie in een koekenpan op middelhoog vuur. Fruit de sjalot tot hij zacht is, ongeveer 3 minuten. Voeg de sperziebonen toe en breng op smaak met peper en zout.
e) Kook, af en toe roerend, tot het zacht is, ongeveer 5 minuten.
f) Verdeel voor het serveren de linzen en rucola over kommen. Beleg met knapperige aardappelen, sperziebonen, tomaten, radijs, venkel, ei en gerookte zalm.
g) Besprenkel met witte wijn-citroenvinaigrette.

86.Gerookte Zalm En Avocadosalade

INGREDIËNTEN:
- 6 ons gerookte zalm, in plakjes gesneden
- 2 rijpe avocado's, in plakjes gesneden
- 4 kopjes gemengde saladegroenten
- 1/4 kop rode ui, in dunne plakjes gesneden
- 1/4 kop kerstomaatjes, gehalveerd
- 2 eetlepels kappertjes
- 2 eetlepels verse dille, gehakt
- Sap van 1 citroen
- 2 eetlepels olijfolie
- Zout en peper naar smaak

INSTRUCTIES:
a) Meng in een grote kom de gemengde slagroenten, rode ui, kerstomaatjes en kappertjes.
b) Verdeel de gesneden avocado en gerookte zalm over de salade.
c) Meng in een kleine kom het citroensap, de olijfolie, het zout en de peper tot de dressing.
d) Druppel de dressing over de salade en garneer met verse dille.
e) Meng voorzichtig om te combineren en serveer onmiddellijk.

87.Gerookte Zalm En Quinoa Salade

INGREDIËNTEN:
- 1 kopje quinoa, gekookt en gekoeld
- 6 ons gerookte zalm, in vlokken
- 1 komkommer, in blokjes gesneden
- 1 rode paprika, in blokjes gesneden
- 1/4 kopje rode ui, fijngehakt
- 1/4 kop verse peterselie, gehakt
- 2 eetlepels kappertjes
- Sap van 1 citroen
- 2 eetlepels olijfolie
- Zout en peper naar smaak

INSTRUCTIES:
a) Meng in een grote kom de gekookte quinoa, gerookte zalm, komkommer, rode paprika, rode ui, peterselie en kappertjes.
b) Meng in een kleine kom het citroensap, de olijfolie, het zout en de peper tot de dressing.
c) Giet de dressing over de salade en roer voorzichtig door elkaar.
d) Pas indien nodig de smaak aan en serveer gekoeld of op kamertemperatuur.

88. Salade Met Gerookte Zalm En Waterkers

INGREDIËNTEN:
- 6 ons gerookte zalm, in plakjes gesneden
- 4 kopjes waterkers, gewassen en bijgesneden
- 1 grapefruit, gesegmenteerd
- 1 sinaasappel, gesegmenteerd
- 1/4 kop rode ui, in dunne plakjes gesneden
- 1/4 kop geroosterde walnoten, gehakt
- 2 eetlepels verse muntblaadjes, gescheurd

VOOR DE DRESSING:
- Sap van 1 citroen
- Sap van 1 limoen
- 2 eetlepels honing
- 1/4 kop extra vergine olijfolie
- Zout en peper naar smaak

INSTRUCTIES:
a) Meng in een grote kom de waterkers, grapefruitpartjes, sinaasappelpartjes, rode ui en geroosterde walnoten.
b) Verdeel de plakjes gerookte zalm over de salade.
c) Meng in een kleine kom het citroensap, het limoensap, de honing, de olijfolie, het zout en de peper tot de dressing.
d) Druppel de dressing over de salade en garneer met gescheurde muntblaadjes.
e) Meng voorzichtig om te combineren en serveer onmiddellijk.

89.Gerookte Zalm En Mangosalade

INGREDIËNTEN:
- 6 ons gerookte zalm, in plakjes gesneden
- 2 rijpe mango's, geschild en in plakjes gesneden
- 4 kopjes gemengde saladegroenten
- 1/4 kopje rode paprika, in dunne plakjes gesneden
- 1/4 kop rode ui, in dunne plakjes gesneden
- 2 eetlepels verse koriander, gehakt

VOOR DE DRESSING:
- 1 eetlepel geraspte verse gember
- 2 eetlepels rijstazijn
- 1 eetlepel sojasaus
- 1 eetlepel honing
- 1/4 kopje sesamolie
- Zout en peper naar smaak

INSTRUCTIES:
a) Meng in een grote kom de gemengde slagroenten, gesneden mango's, rode paprika en rode ui.
b) Verdeel de plakjes gerookte zalm over de salade.
c) Meng in een kleine kom de geraspte gember, rijstazijn, sojasaus, honing, sesamolie, zout en peper om de dressing te maken.
d) Druppel de dressing over de salade en garneer met gehakte koriander.
e) Meng voorzichtig om te combineren en serveer onmiddellijk.

SOEPEN

90. Zomersoep met Ierse gerookte zalm

INGREDIËNTEN:
- 300 milliliter Goede kippenbouillon
- 20 gram Boter
- 1 eetlepel Dubbelroom
- 12 Aspergesperen
- 1 Wortel; kleine blokjes)
- 2 Sticks Selderij; (geschild en in blokjes)
- 1 Prei; kleine blokjes)
- 8 Nieuwe aardappelen; (klein - jong)
- 2 Tomaten
- 4 plakjes Gerookte zalm; (in reepjes gesneden)
- 1 Olijfbroodje
- 50 gram Ierse Geitenkaas
- 1 Eigeel
- Gemengde kruiden

INSTRUCTIES:
a) Verwarm de kippenbouillon en kook alle groenten één voor één, te beginnen met de aardappelen, wortels, selderij, prei en asperges. Giet de groenten af en bewaar de bouillon.
b) Doe de groenten in kleine soepkommen/kopjes. Voeg de tomaat en de in reepjes gesneden gerookte zalm toe.
c) Zet de bouillon weer op het vuur en klop er een beetje boter en room door. Breng op smaak en voeg de gehakte kruiden toe. Laat een paar minuten trekken.
d) Klop ondertussen de eierdooier met 2 - 3 theelepels kokend water au bain marie tot er een dikke en romige sabayon is ontstaan.
e) Strooi de kaas over de croutons en plaats ze onder een hete grill tot de kaas begint te borrelen.
f) Spatel de sabayon door de bouillon en giet over de groenten. Leg de croutons erop en serveer.

91.Aardappelsoep Met Gerookte Zalmsaus

INGREDIËNTEN:
- ½ Plak ongezouten boter
- 1¼ pond Gele uien, in dunne plakjes gesneden
- 3 Ribben bleekselderij, gehakt
- Zout
- Cayenne
- Vers gemalen zwarte peper
- 1 Laurierblad
- 3 eetlepels Gesneden knoflook
- 10 kopjes Kippenbouillon
- 2 pond Aardappelen bakken, geschild
- ¼ kopje Heavy cream
- ½ pond Gerookte zalm, julienne
- ¼ kopje rode uien
- 2 eetlepels Gehakte bieslook
- Druppel extra vierge
- Olijfolie

INSTRUCTIES:

a) Smelt de boter in een soeppan van 6 liter op middelhoog vuur. Voeg de uien en selderij toe. Breng op smaak met zout, cayennepeper en zwarte peper, al roerend, tot de groenten zacht en licht goudbruin zijn, ongeveer 8 minuten.

b) Voeg het laurierblad en de knoflook toe en roer gedurende 2 minuten. Voeg de bouillon en de aardappelen toe en breng het mengsel aan de kook.

c) Zet het vuur middelhoog en laat het geheel zonder deksel sudderen tot de aardappelen heel zacht zijn en het mengsel dik en romig is, ongeveer 1 uur.

d) Haal de soep van het vuur. Gooi het laurierblad weg. Pureer met een staafmixer tot een gladde massa. Voeg langzaam de room toe. Roer om te mengen. Breng de soep opnieuw op smaak. Meng de zalm, rode uien en bieslook in een kleine mengkom.

e) Besprenkel de smaak met voldoende olie om te bevochtigen. Breng de saus op smaak met zwarte peper. Om te serveren, schep je de soep in individuele kommen.

f) Garneer de soep met de saus.

92. Romige soep van gerookte zalm en dille

INGREDIËNTEN:
- 2 eetlepels boter
- 1 ui, fijngehakt
- 2 teentjes knoflook, fijngehakt
- 2 aardappelen, geschild en in blokjes
- 4 kopjes kippen- of groentebouillon
- 1 kopje zware room
- 6 ons gerookte zalm, gehakt
- 2 eetlepels verse dille, gehakt, plus meer voor garnering
- Zout en peper naar smaak
- Citroenpartjes, om te serveren

INSTRUCTIES:

a) Smelt de boter in een grote pan op middelhoog vuur. Voeg ui en knoflook toe en kook tot ze zacht maar niet bruin zijn.

b) Voeg aardappelen en bouillon toe. Breng aan de kook, zet het vuur lager en laat sudderen tot de aardappelen gaar zijn, ongeveer 15-20 minuten.

c) Gebruik een staafmixer om de soep tot een gladde massa te pureren (of meng in batches met een standaard blender).

d) Roer de slagroom erdoor en breng de soep weer zachtjes aan de kook.

e) Voeg gerookte zalm en dille toe. Breng op smaak met zout en peper. Kook nog eens 2-3 minuten, of tot het gaar is.

f) Serveer warm, gegarneerd met extra dille en partjes citroen ernaast.

93. Gerookte Zalm Chowder

INGREDIËNTEN:
- 2 eetlepels olijfolie
- 1 prei, alleen de witte en lichtgroene delen, schoongemaakt en in plakjes gesneden
- 2 stengels bleekselderij, in blokjes gesneden
- 1 wortel, in blokjes gesneden
- 2 eetlepels bloem voor alle doeleinden
- 4 kopjes vis- of groentebouillon
- 1 pond aardappelen, in blokjes
- 1 kopje maïskorrels, vers of bevroren
- 1 kopje zware room
- 6 ons gerookte zalm, in vlokken
- Verse peterselie, gehakt voor garnering
- Zout en versgemalen zwarte peper naar smaak

INSTRUCTIES:
a) Verhit olijfolie in een grote pan op middelhoog vuur. Voeg prei, selderij en wortel toe. Kook, af en toe roerend, tot de groenten zacht zijn, ongeveer 5 minuten.
b) Strooi de bloem erdoor en kook al roerend gedurende 2 minuten om de rauwe bloemsmaak te verwijderen.
c) Voeg geleidelijk de bouillon toe, onder voortdurend roeren. Voeg de aardappelen toe en breng aan de kook. Zet het vuur lager en laat sudderen tot de aardappelen gaar zijn, ongeveer 10-15 minuten.
d) Voeg maïs en slagroom toe en breng weer aan de kook. Gerookte zalm toevoegen en doorwarmen.
e) Breng op smaak met peper en zout, garneer met verse peterselie en serveer warm.

94. Gerookte Zalm En Preisoep

INGREDIËNTEN:
- 1 eetlepel boter
- 2 preien, alleen de witte en lichtgroene delen, schoongemaakt en in plakjes gesneden
- 2 theelepels verse tijmblaadjes
- 4 kopjes groentebouillon
- 1/2 kopje droge witte wijn
- 6 ons gerookte zalm, in reepjes gesneden
- 1 kopje room of half en half
- Zout en witte peper naar smaak
- Bieslook, fijngehakt, ter garnering

INSTRUCTIES:
a) Smelt de boter in een grote pan op middelhoog vuur. Voeg prei en tijm toe en kook tot de prei zacht maar niet bruin is, ongeveer 5-7 minuten.
b) Giet de groentebouillon en witte wijn erbij. Breng aan de kook en kook gedurende 10 minuten.
c) Voeg gerookte zalm en room toe. Breng op smaak met zout en witte peper. Doorwarmen zonder te koken.
d) Serveer de soep gegarneerd met bieslook.

95. Noordse Gerookte Zalmsoep

INGREDIËNTEN:
- 2 eetlepels boter
- 1 kleine ui, fijngehakt
- 2 middelgrote aardappelen, geschild en in blokjes gesneden
- 4 kopjes groentebouillon
- 1 laurierblad
- 1/2 kop zware room
- 6 ons gerookte zalm, in hapklare stukjes gesneden
- 1 eetlepel verse dille, gehakt, plus meer voor garnering
- Zout en witte peper naar smaak
- Roggebroodcroutons, om erbij te serveren

INSTRUCTIES:
a) Smelt de boter in een soeppan op middelhoog vuur. Voeg de ui toe en kook tot deze glazig is.
b) Voeg aardappelen, groentebouillon en laurier toe. Breng aan de kook en laat sudderen tot de aardappelen gaar zijn, ongeveer 20 minuten.
c) Verwijder het laurierblad en pureer de soep tot een gladde massa. Roer de slagroom, gerookte zalm en dille erdoor. Breng op smaak met zout en witte peper.
d) Laat zachtjes doorwarmen en zorg ervoor dat het niet kookt. Serveer gegarneerd met extra dille en vergezeld van roggebroodcroutons.

96. Gerookte zalmbisque

INGREDIËNTEN:
- 2 eetlepels ongezouten boter
- 1 kleine ui, fijngehakt
- 1 teentje knoflook, fijngehakt
- 2 eetlepels tomatenpuree
- 2 eetlepels bloem voor alle doeleinden
- 4 kopjes vis- of zeevruchtenbouillon
- 1 kopje ingeblikte tomatenblokjes, met sap
- 1/2 kop zware room
- 6 ons gerookte zalm, gehakt
- 2 eetlepels cognac (optioneel)
- Verse dille, ter garnering
- Zout en peper naar smaak

INSTRUCTIES:

a) Smelt de boter in een grote pan op middelhoog vuur. Voeg ui en knoflook toe en bak tot ze zacht maar niet bruin zijn.

b) Roer de tomatenpuree en de bloem erdoor en kook gedurende 1-2 minuten tot alles goed gemengd is.

c) Voeg geleidelijk de vis- of zeevruchtenbouillon toe en zorg ervoor dat er geen klontjes ontstaan. Voeg de in blokjes gesneden tomaten met hun sap toe. Breng aan de kook en kook ongeveer 15 minuten.

d) Pureer de soep met een staafmixer tot een gladde massa. Roer de slagroom erdoor en laat zachtjes koken.

e) Voeg de gerookte zalm en cognac toe (indien gebruikt). Kook nog 2-3 minuten, totdat de zalm warm is.

f) Breng op smaak met zout en peper. Serveer gegarneerd met verse dille.

97.Minestrone van Gerookte Zalm

INGREDIËNTEN:
- 1 eetlepel olijfolie
- 1 ui, gehakt
- 1 wortel, in blokjes gesneden
- 1 stengel bleekselderij, in blokjes gesneden
- 2 teentjes knoflook, fijngehakt
- 1 courgette, in blokjes gesneden
- 4 kopjes groentebouillon
- tomatenblokjes (14 oz).
- 1 blik (15 oz) cannellinibonen, afgespoeld en uitgelekt
- 1/2 kopje kleine pasta (bijvoorbeeld ditalini , orzo)
- 6 ons gerookte zalm, versnipperd
- 2 eetlepels verse peterselie, gehakt
- Zout en peper naar smaak
- Geraspte Parmezaanse kaas, voor erbij

INSTRUCTIES:
a) Verhit olijfolie in een grote pan op middelhoog vuur. Voeg ui, wortel, selderij en knoflook toe en bak tot de groenten zacht zijn.
b) Voeg courgette, bouillon, tomatenblokjes met sap en cannellinibonen toe. Breng aan de kook.
c) Voeg de pasta toe en kook volgens de instructies op de verpakking tot deze al dente is.
d) Roer een paar minuten voordat de pasta klaar is de gerookte zalm en peterselie erdoor. Breng op smaak met zout en peper.
e) Serveer de minestrone warm, bestrooid met geraspte Parmezaanse kaas.

98. Chowder Van Gerookte Zalm En Zoete Aardappel

INGREDIËNTEN:
- 1 eetlepel olijfolie
- 1 ui, gehakt
- 2 teentjes knoflook, fijngehakt
- 2 grote zoete aardappelen, geschild en in blokjes
- 4 kopjes groente- of kippenbouillon
- 1 theelepel gerookte paprikapoeder
- 1/2 theelepel gedroogde tijm
- 1 kopje maïskorrels (vers of bevroren)
- 6 ons gerookte zalm, in vlokken
- 1 kopje melk of room
- Zout en peper naar smaak
- Verse bieslook, fijngehakt, voor garnering

INSTRUCTIES:
a) Verhit olijfolie in een grote pan op middelhoog vuur. Voeg de ui en knoflook toe en kook tot ze zacht zijn, ongeveer 5 minuten.
b) Voeg de zoete aardappelen, bouillon, gerookte paprika en gedroogde tijm toe. Breng aan de kook, zet het vuur lager en laat sudderen tot de zoete aardappelen gaar zijn, ongeveer 15-20 minuten.
c) Gebruik een staafmixer om de soep gedeeltelijk te mengen, maar laat wat stukjes achter voor de textuur.
d) Roer de maïskorrels, gerookte zalm en melk of room erdoor. Laat nog 5 minuten sudderen tot het warm is.
e) Breng op smaak met zout en peper. Serveer warm, gegarneerd met verse bieslook.

99. Gerookte Zalm En Wilde Rijstsoep

INGREDIËNTEN:
- 1 eetlepel olijfolie
- 1 ui, gehakt
- 2 wortels, in blokjes gesneden
- 2 stengels bleekselderij, in blokjes gesneden
- 2 teentjes knoflook, fijngehakt
- 1 kop wilde rijst, afgespoeld
- 6 kopjes groente- of kippenbouillon
- 1 theelepel gedroogde tijm
- 1 laurierblad
- 6 ons gerookte zalm, in vlokken
- 1 kopje zware room
- Zout en peper naar smaak
- Verse dille, gehakt, voor garnering

INSTRUCTIES:

a) Verhit olijfolie in een grote pan op middelhoog vuur. Voeg de ui, wortels, selderij en knoflook toe en kook tot ze zacht zijn, ongeveer 5-7 minuten.

b) Voeg de wilde rijst, de bouillon, de gedroogde tijm en het laurierblad toe. Breng aan de kook, zet het vuur laag en laat sudderen tot de rijst gaar en zacht is, ongeveer 45 minuten.

c) Roer de gerookte zalm en slagroom erdoor. Laat nog 5 minuten sudderen tot het warm is.

d) Breng op smaak met zout en peper. Serveer warm, gegarneerd met verse dille.

100. Tortellini gerookte zalmsoep

INGREDIËNTEN:
- 1 eetlepel boter/ghee
- 2 teentjes knoflook gehakt
- 2 Rode pepers
- 1 Ui gehakt
- 250 g Aardappelen in stukjes gesneden
- Zout en zwarte peper naar smaak
- 1 theelepel Oregano
- 1½ kopje visbouillon
- 1½ kopje kippenbouillon
- ¼ kopje dubbele room
- 85 g Gerookte zalm in plakjes
- 150 g Tortellini
- Bieslook/Lente-uitjes voor garnering

INSTRUCTIES:
a) Smelt ghee/boter in een grote pan op middelhoog vuur. Fruit de knoflook 1-2 minuten tot het geurig is.
b) Voeg uien en rode pepers toe (indien gebruikt). Kook gedurende 5 minuten tot ze goudbruin zijn.
c) Roer de aardappelen erdoor en breng op smaak met oregano, zout en zwarte peper.
d) Voeg zowel de visbouillon als de kippenbouillon toe. Breng aan de kook en zet het vuur laag gedurende 10-15 minuten tot de aardappelen zacht en gaar zijn.
e) Roer de plakjes gerookte zalm erdoor en voeg de tortellini en dubbele room toe. Laat nog 3-5 minuten sudderen tot de tortellini gaar is.
f) Garneer met gehakte bieslook of lente-uitjes en serveer onmiddellijk.

CONCLUSIE

Nu we onze reis door 'Het ultieme receptenboek voor gerookte zalm' afsluiten, hopen we dat je geïnspireerd bent om de veelzijdigheid en verrukkingen van gerookte zalm te omarmen in je eigen kookavonturen. Of u nu al jarenlang fan bent van gerookte zalm of nieuw bent op het gebied van culinaire hoogstandjes, op deze pagina's is er voor iedereen wel iets om van te genieten.

Moge elk gerecht dat u maakt, terwijl u de wereld van recepten voor gerookte zalm blijft verkennen, u dichter bij het ervaren van de luxueuze smaken en elegante presentaties brengen die dit geliefde ingrediënt te bieden heeft. Of u nu geniet van een ontspannen brunch met vrienden, een gezellig diner voor twee bereidt of een feestelijke bijeenkomst organiseert, de toevoeging van gerookte zalm kan uw maaltijden naar een hoger niveau tillen en uw smaakpapillen verrassen.

Bedankt dat je met ons meegaat op deze smaakvolle reis door de wereld van gerookte zalm. Moge uw keuken gevuld zijn met de geur van heerlijke gerechten, uw tafel met het plezier van gezamenlijke maaltijden en uw smaakpapillen met de voortreffelijke smaken van gerookte zalm. Tot we elkaar weer ontmoeten, veel kookplezier en eet smakelijk!

www.ingramcontent.com/pod-product-compliance
Lightning Source LLC
Chambersburg PA
CBHW071334110526
44591CB00010B/1148